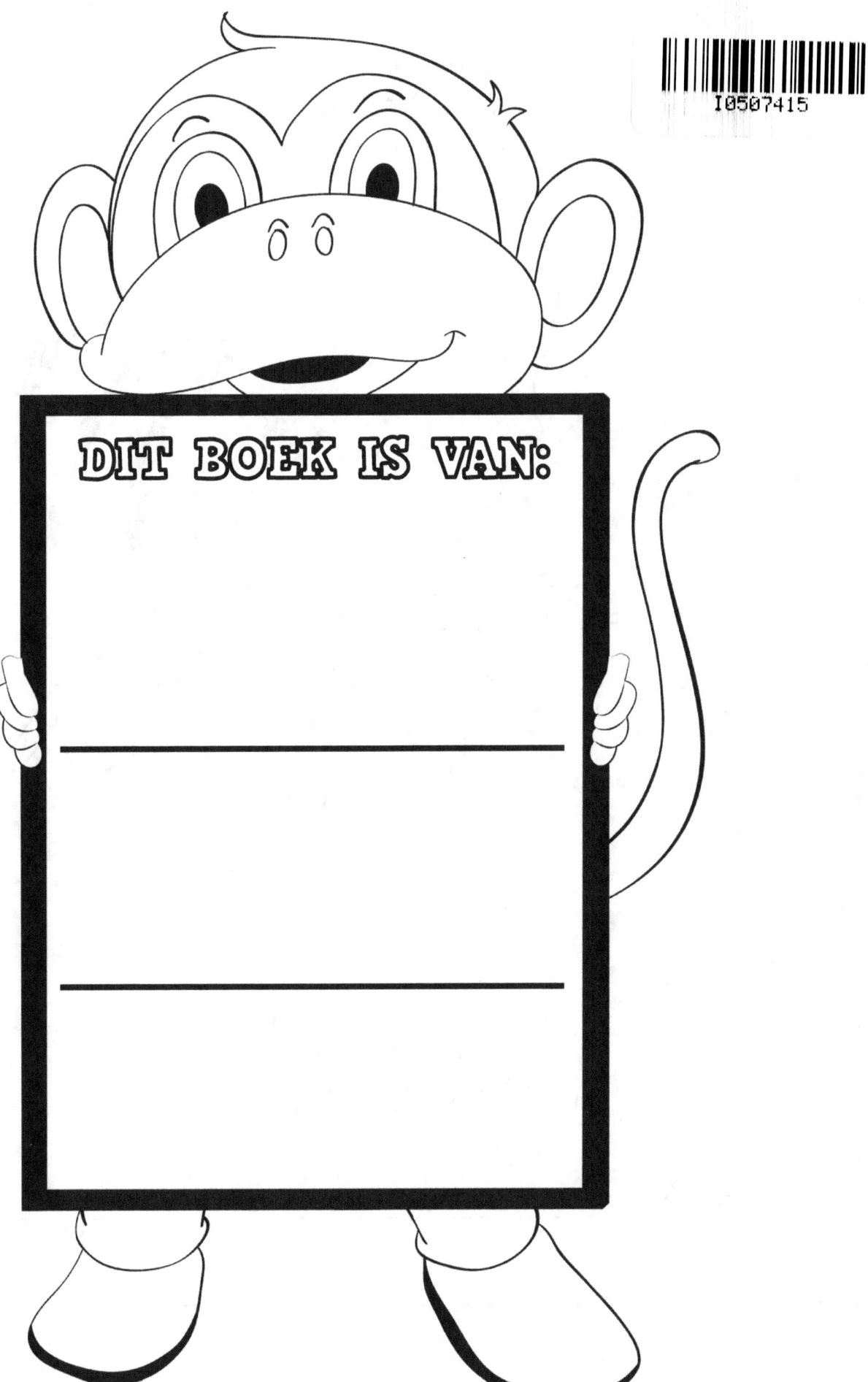

Mier

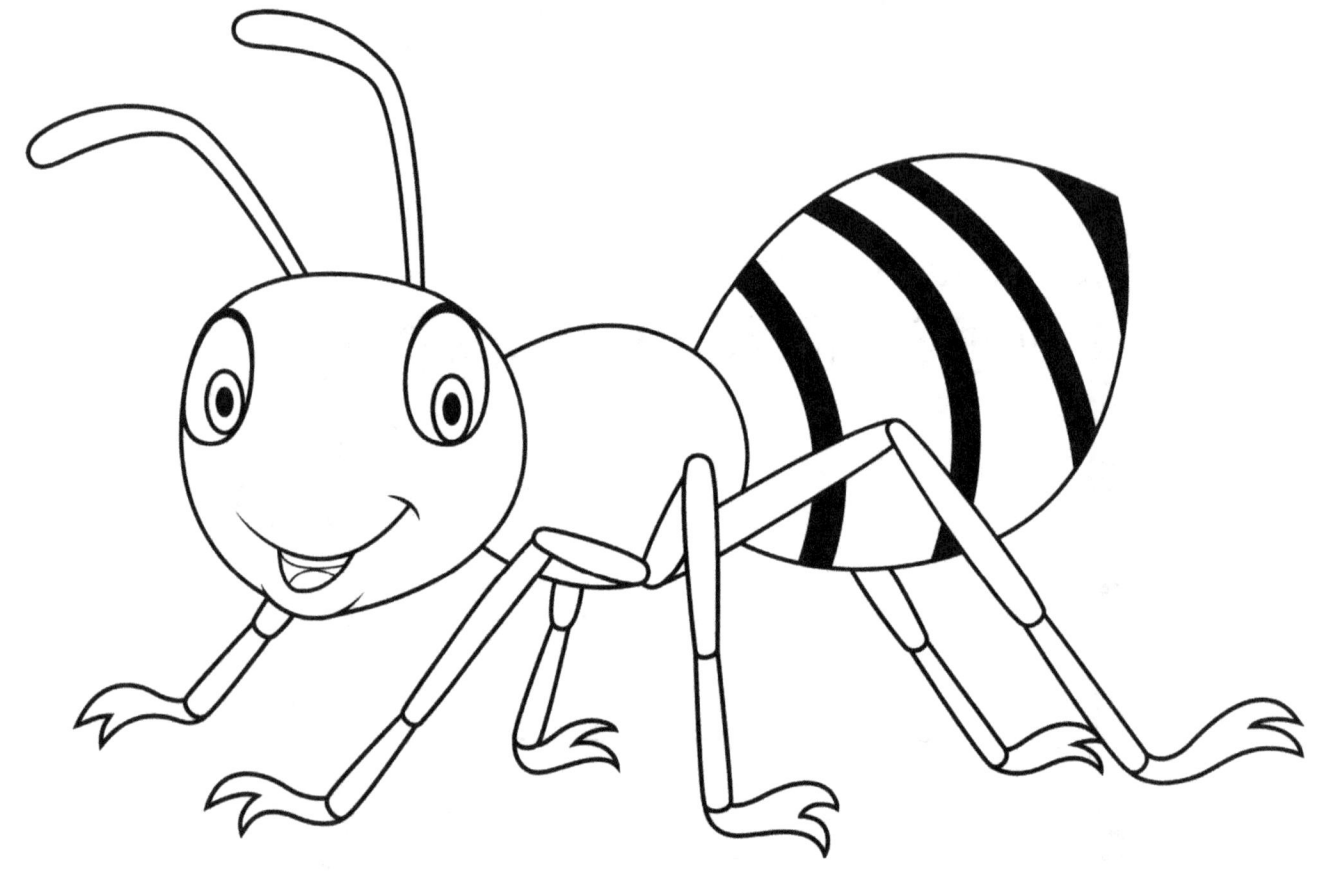

Ameise

Ameise
_____

_____

_____

Appel

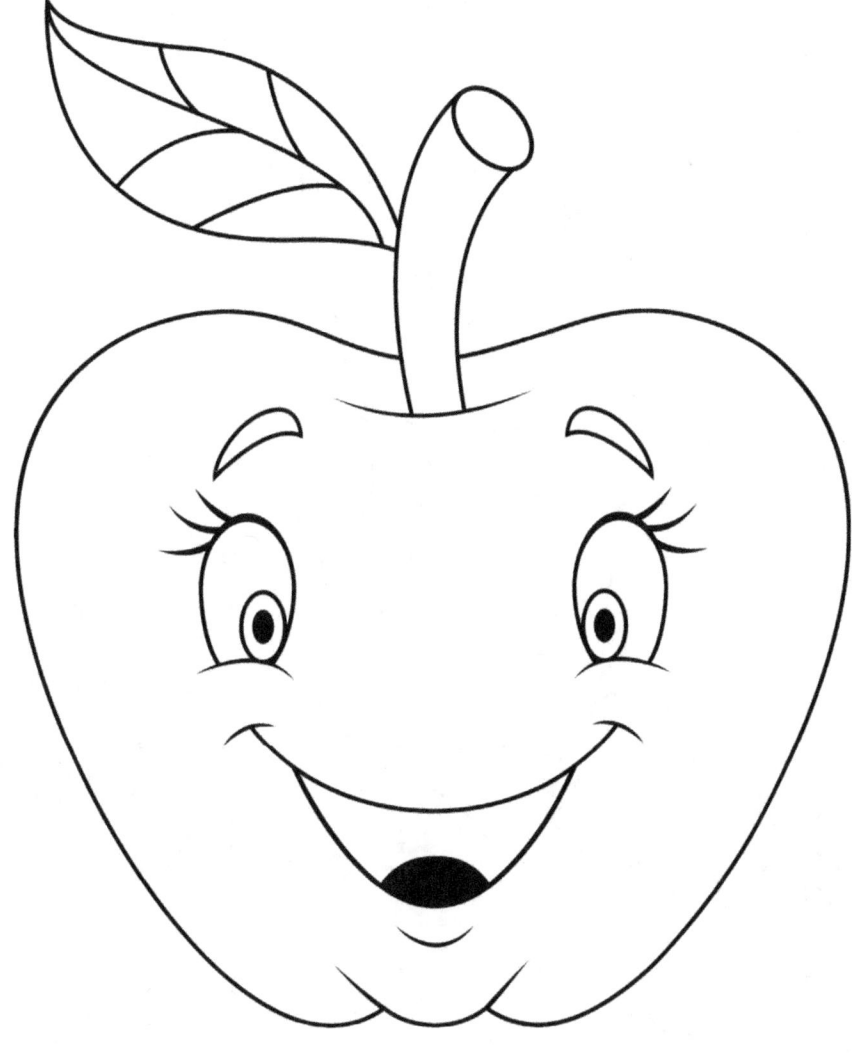

Apfel

Apfel
_____

_____

_____

Astronaut

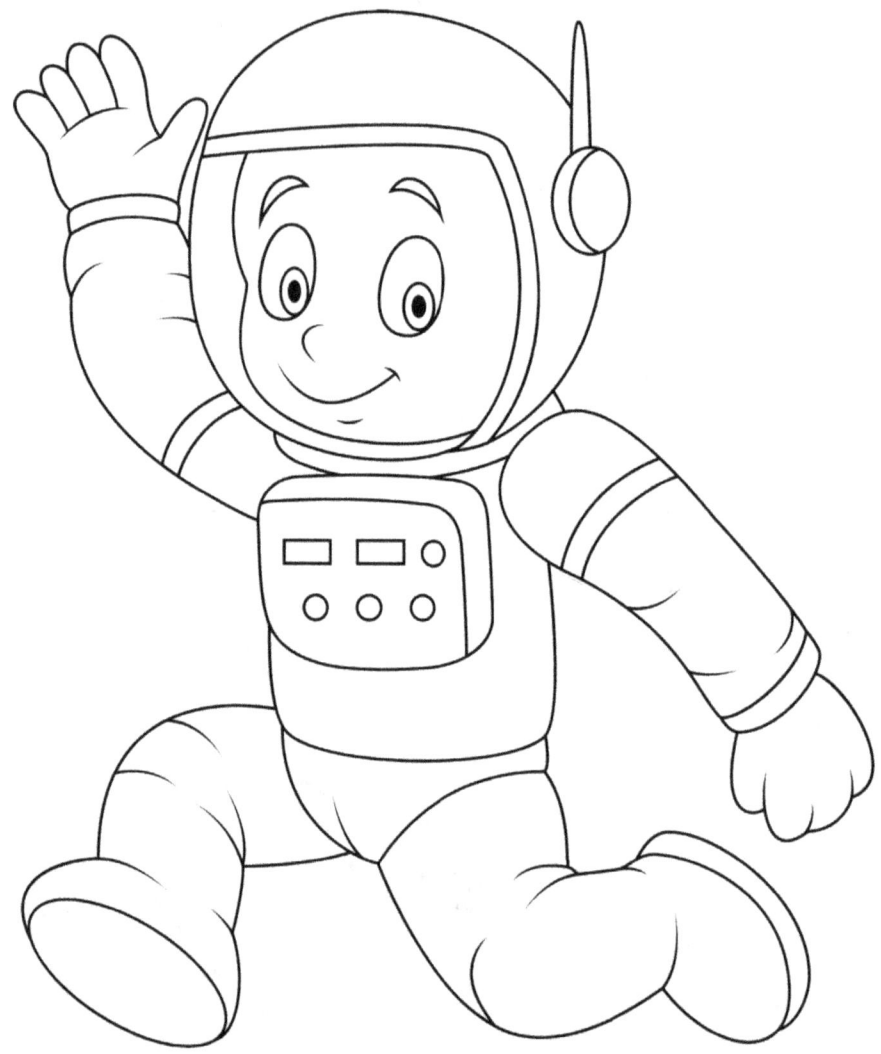

Raumfahrer

Raumfahrer

Banaan

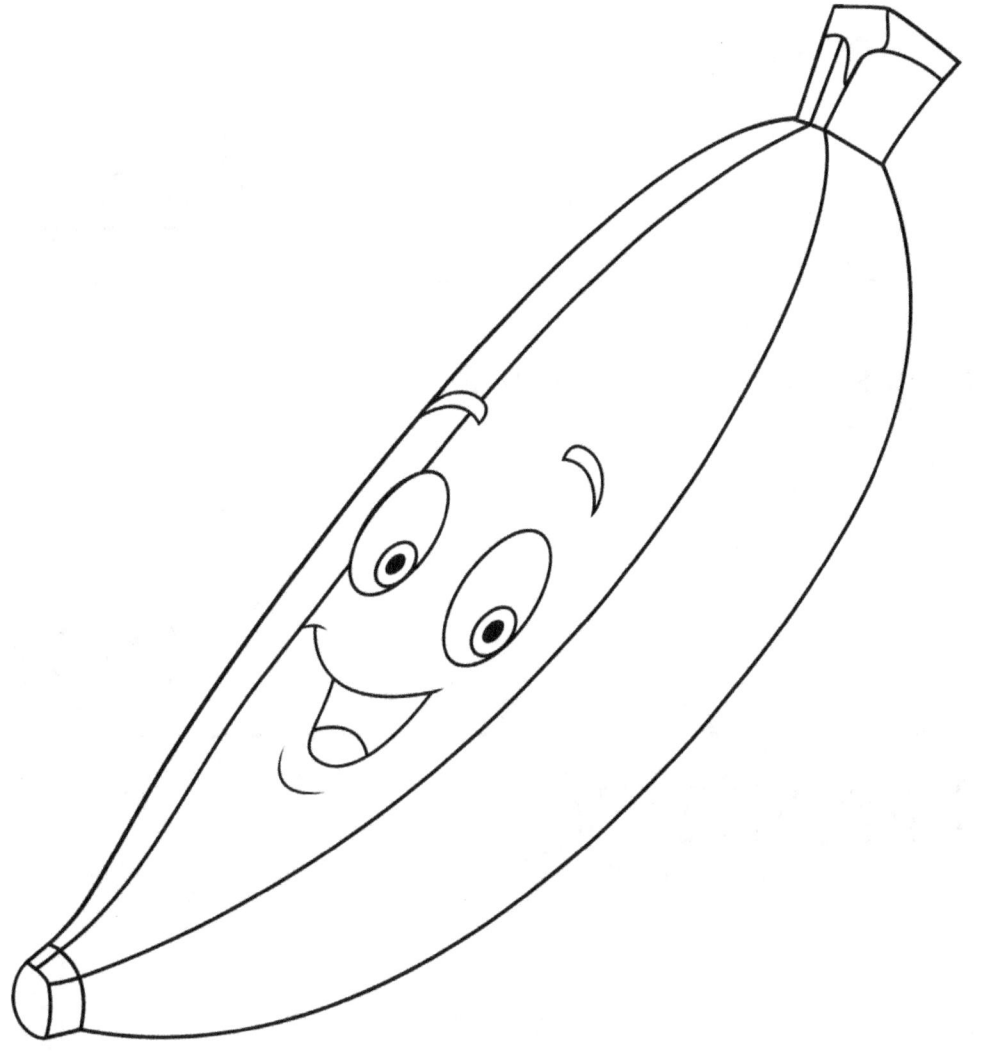

Banane

Banane

Mier

Am_ise

Appel

Apf__

Astronaut

R_umfah_er

Banaan

_ana_e

Beer

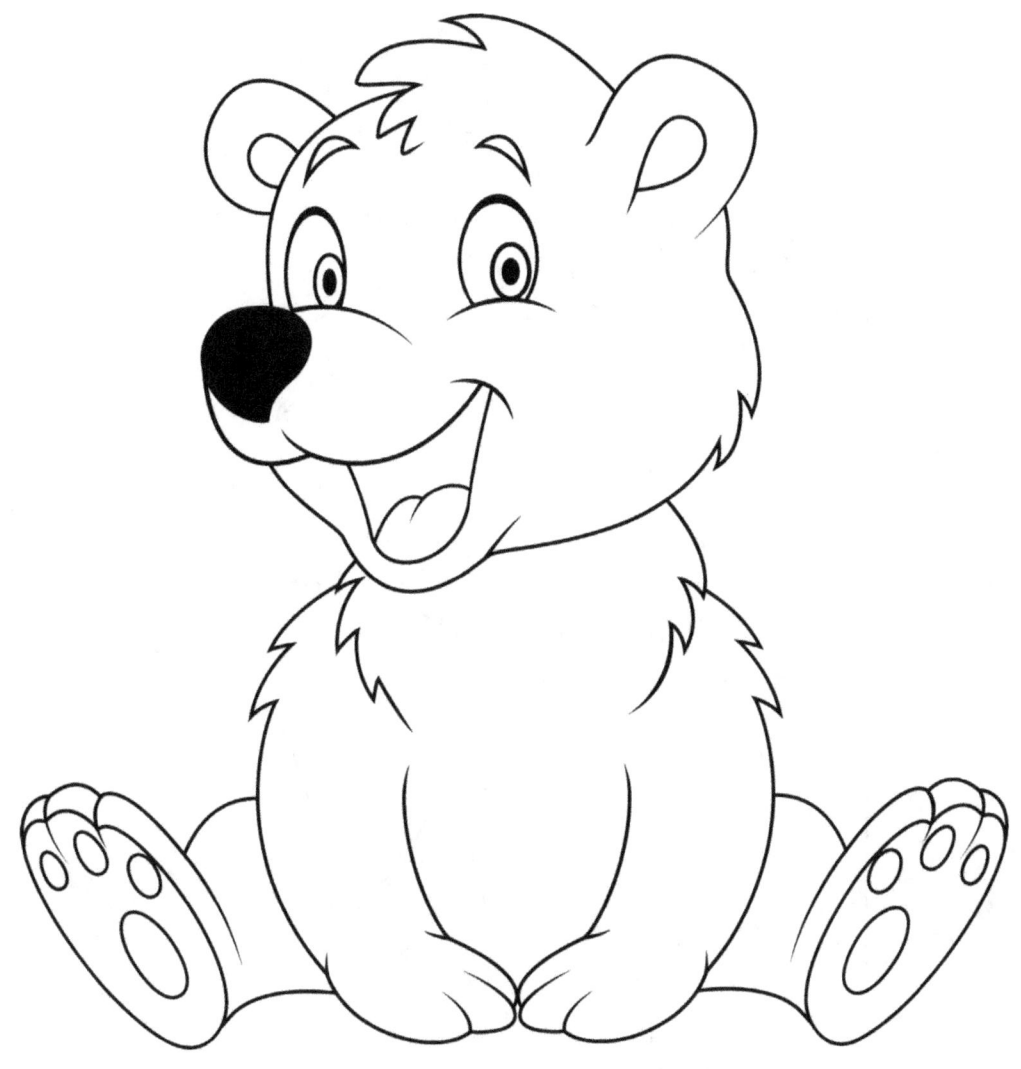

Bär

Bär

Boek

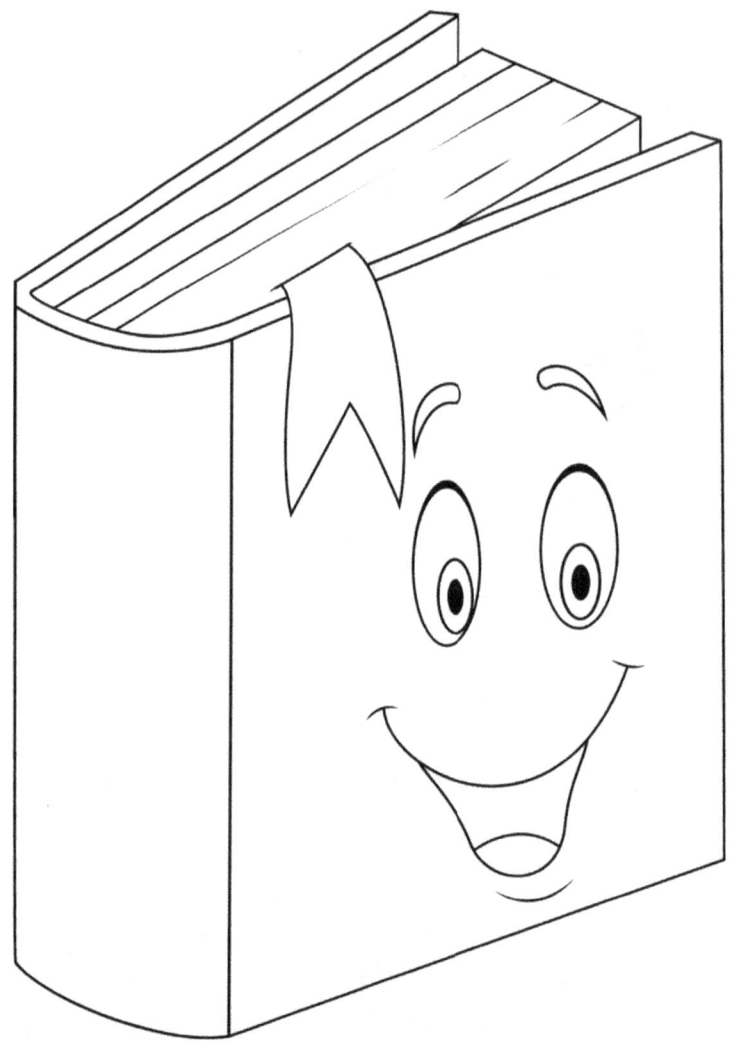

Buch

Buch
___
___

Auto

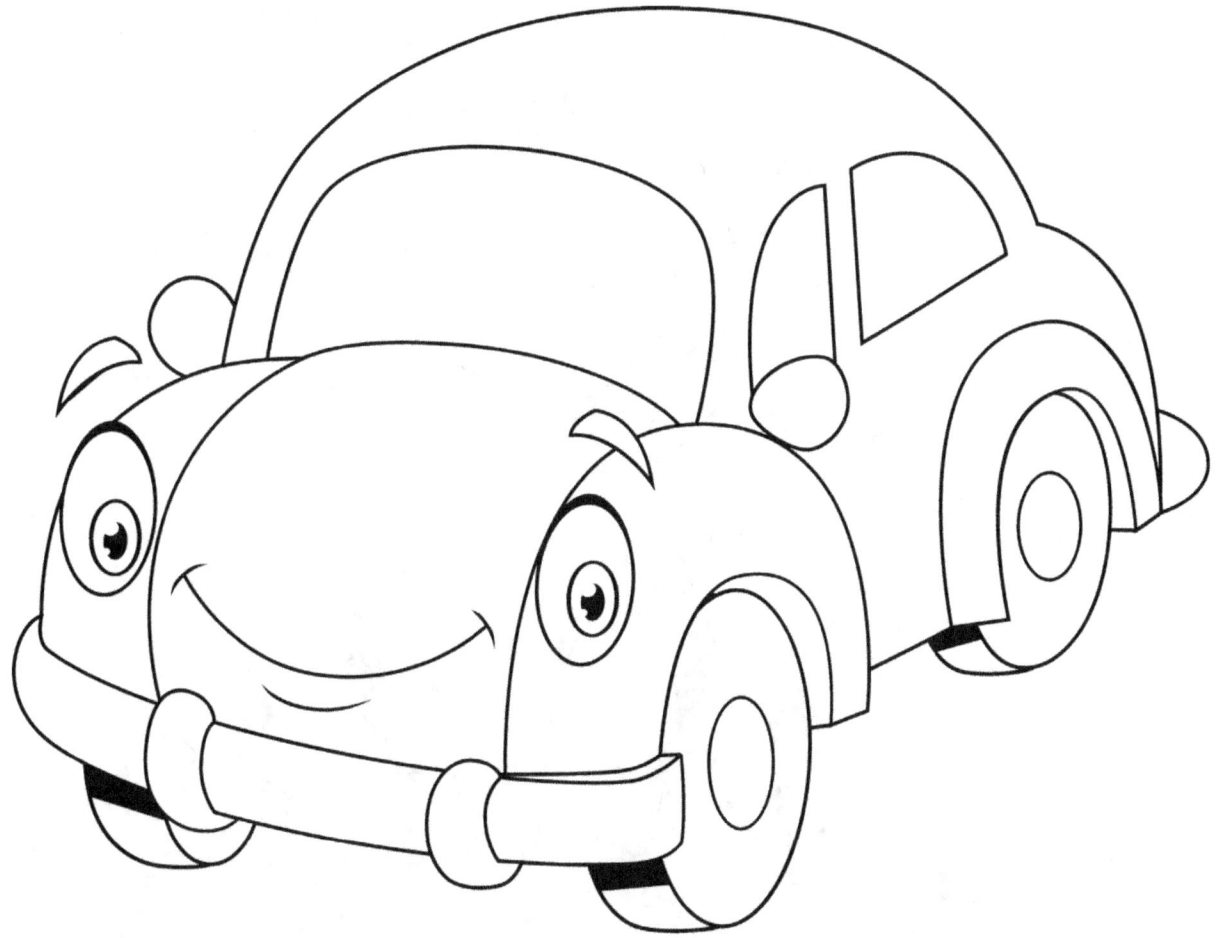

Auto

Auto

Kat

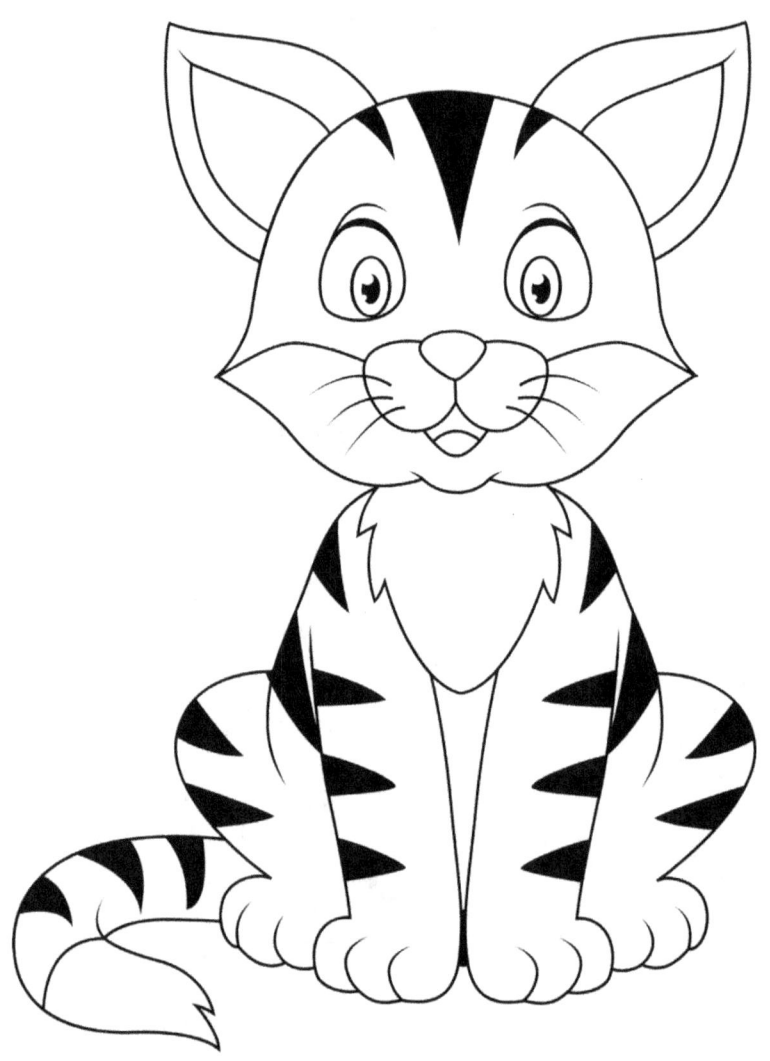

Katze

Katze

Beer

__r

Boek

_uch

Auto

A__o

Kat

_at_e

Maïs

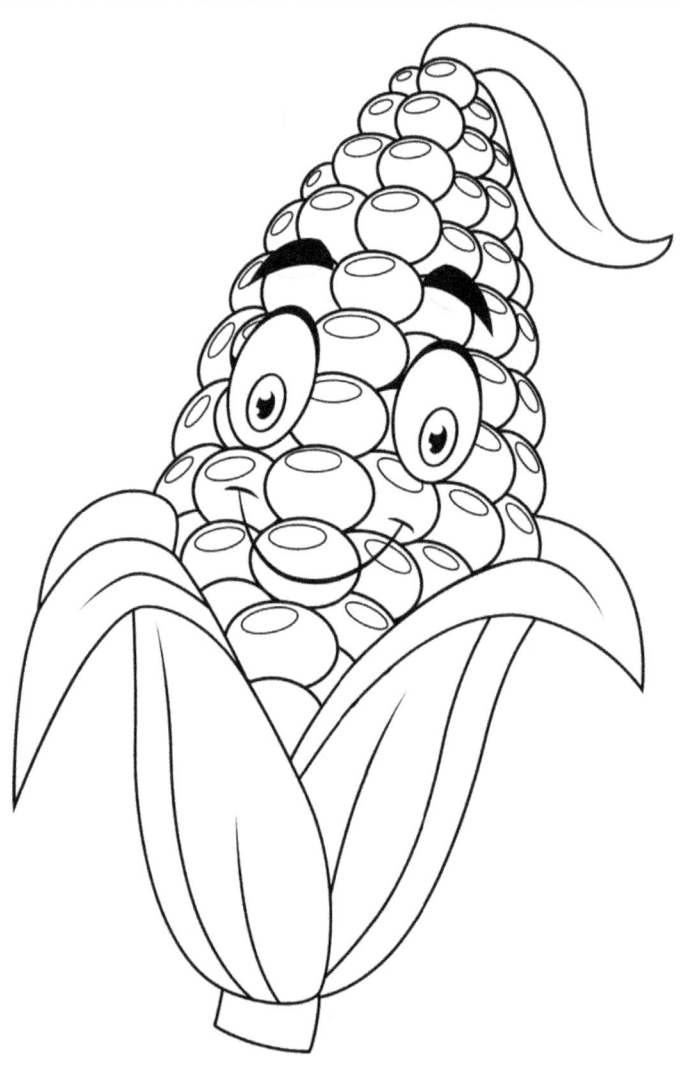

Mais

Mais
_____
_____
_____

Hond

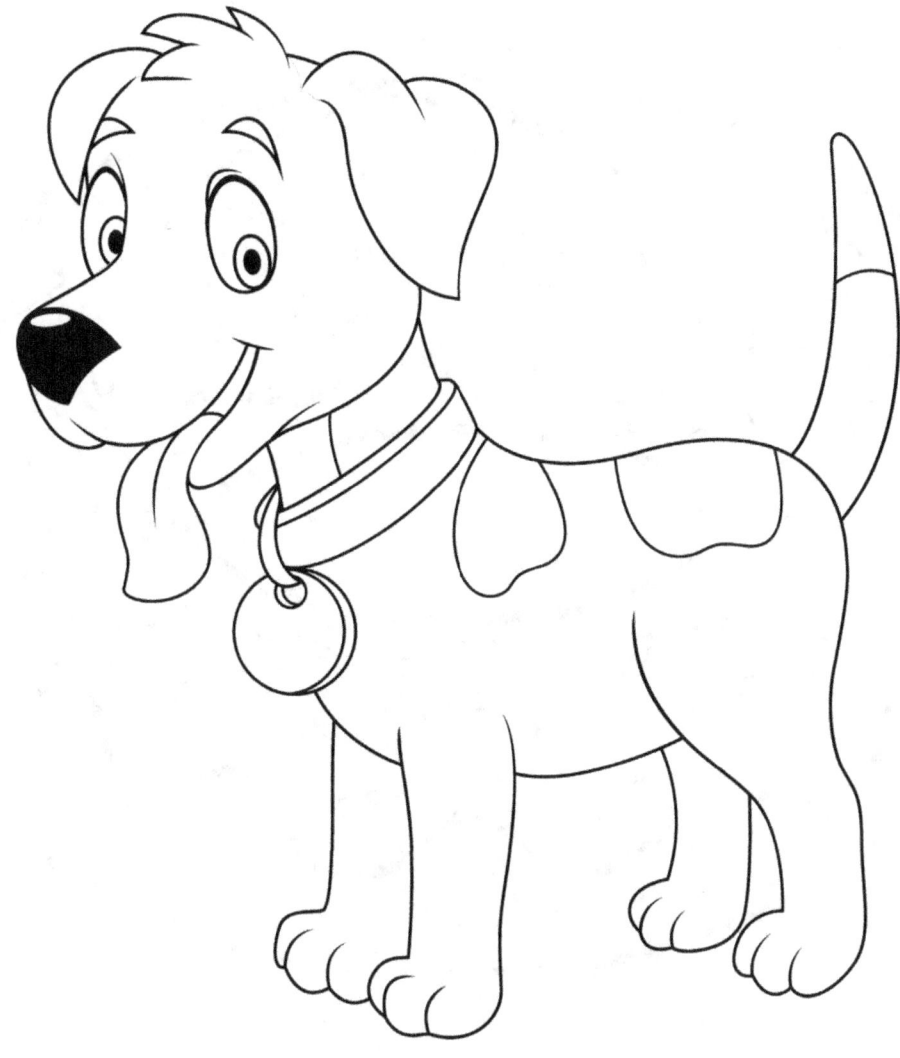

Hund

Hund
_____
_____
_____

Donut

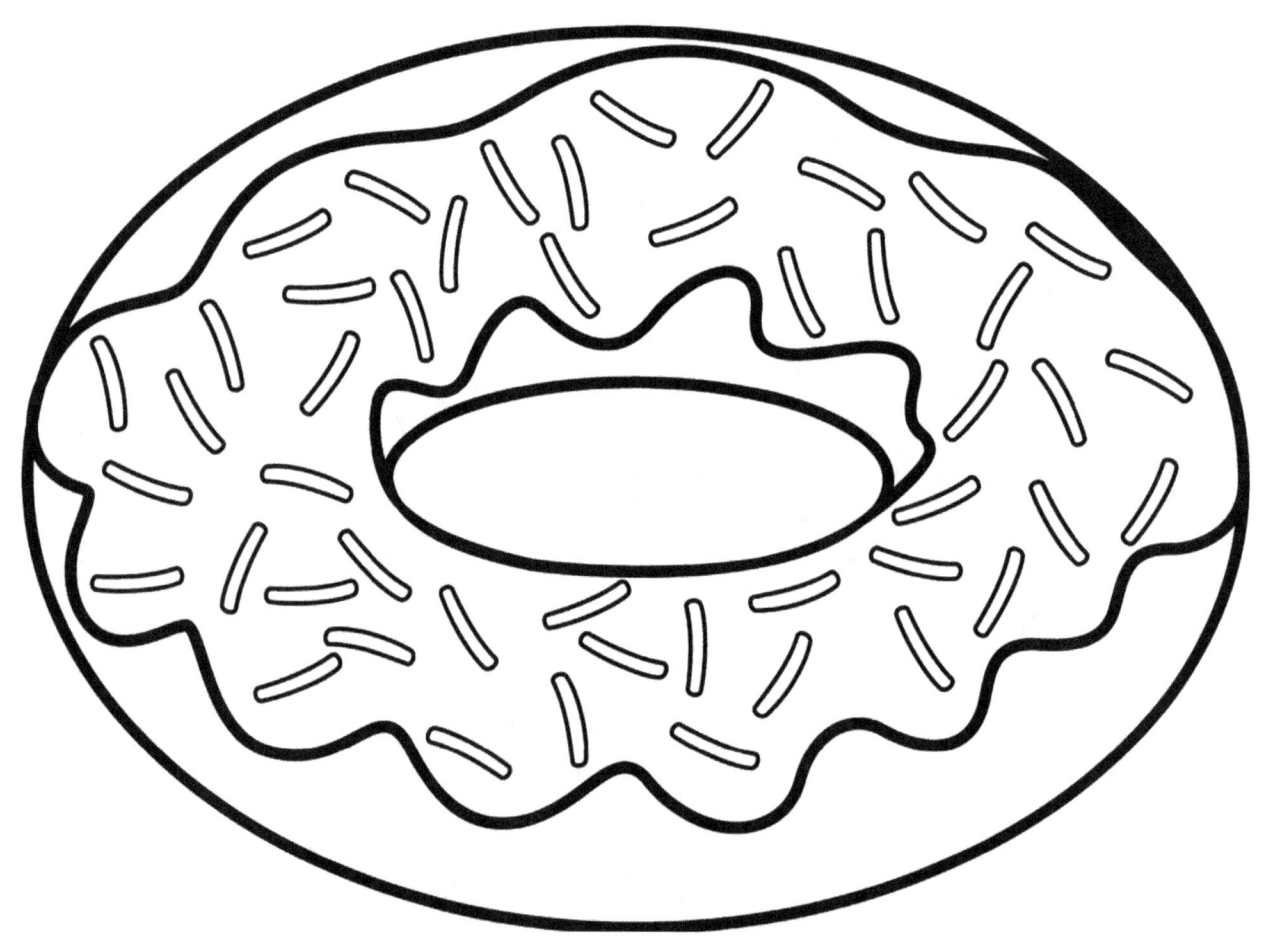

Donut

Donut

Trommel

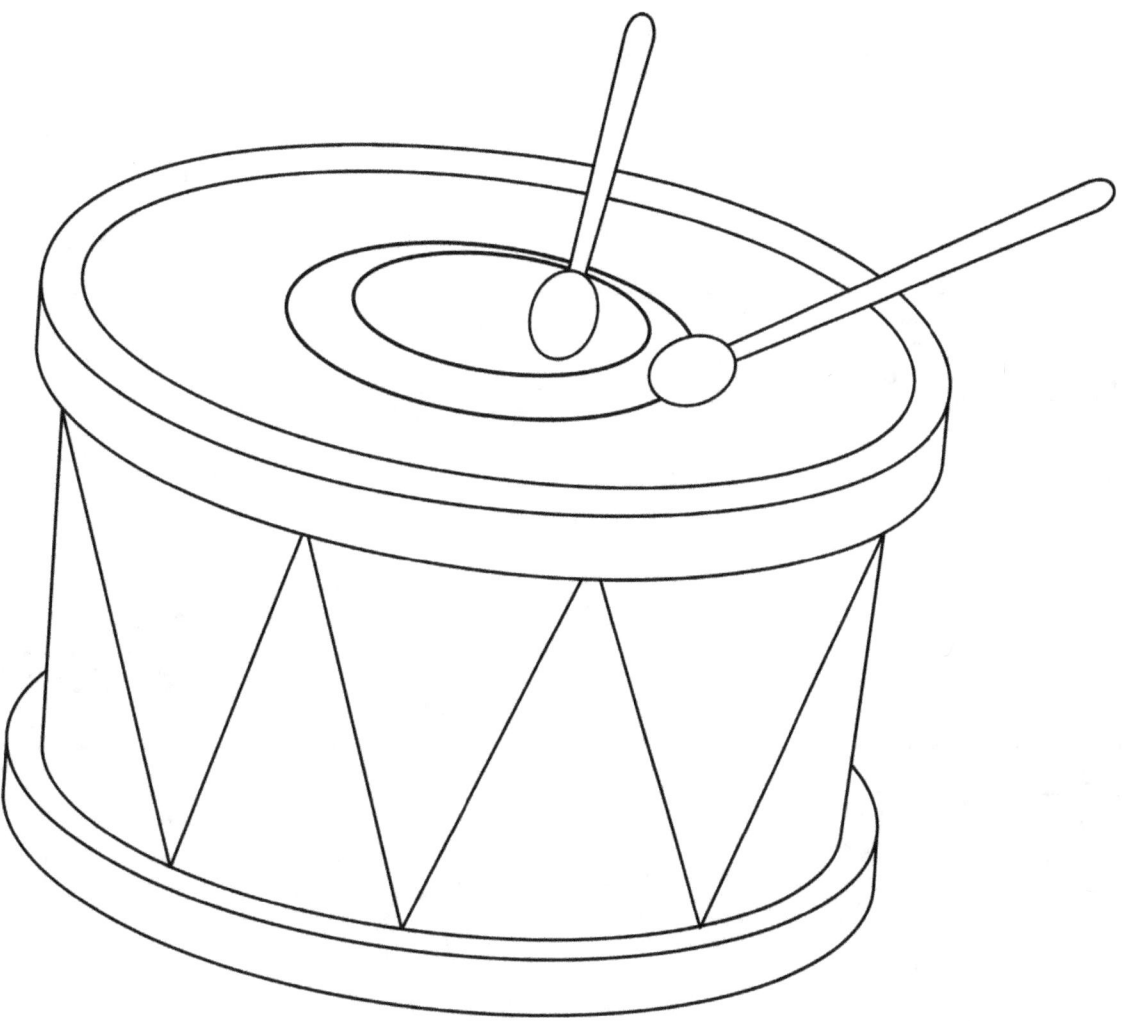

Trommel

Trommel

Maïs	M__s

Hond	Hun_

Donut	D_nu_

Trommel	T_ommel

Slak

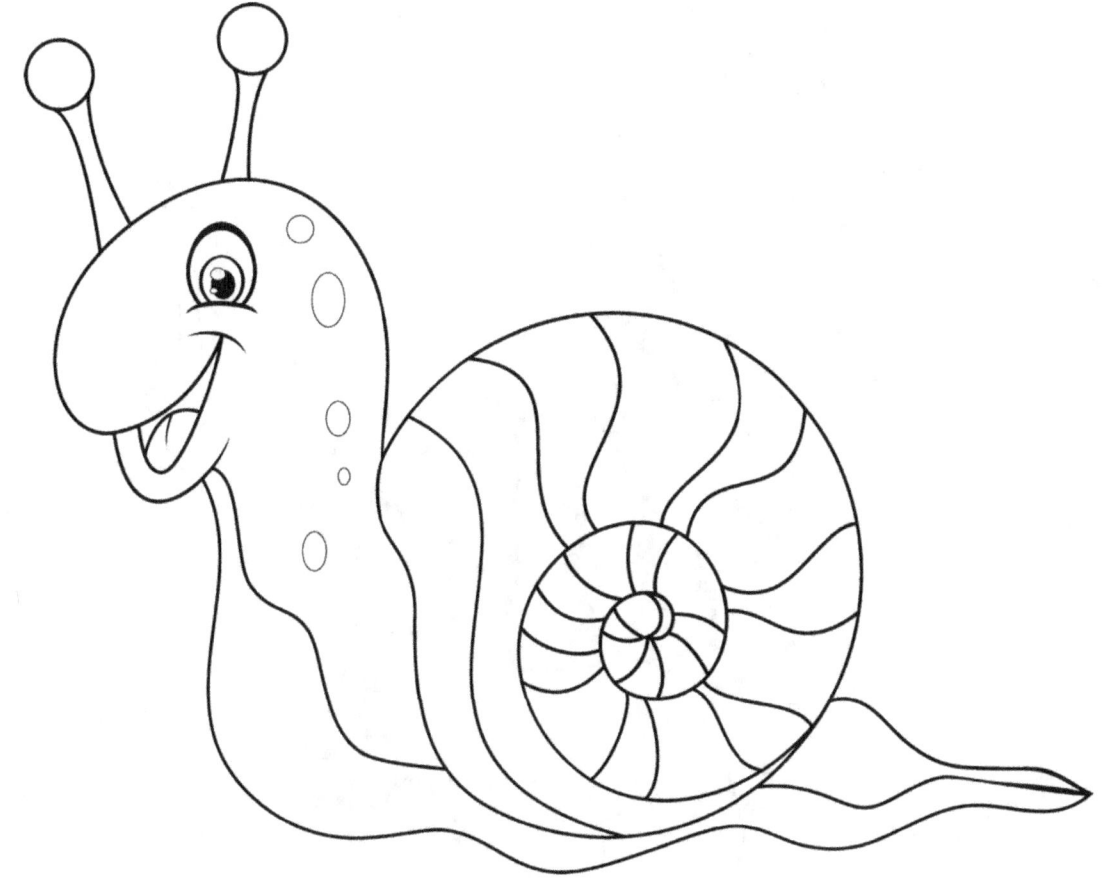

Schnecke

Schnecke

Zebra

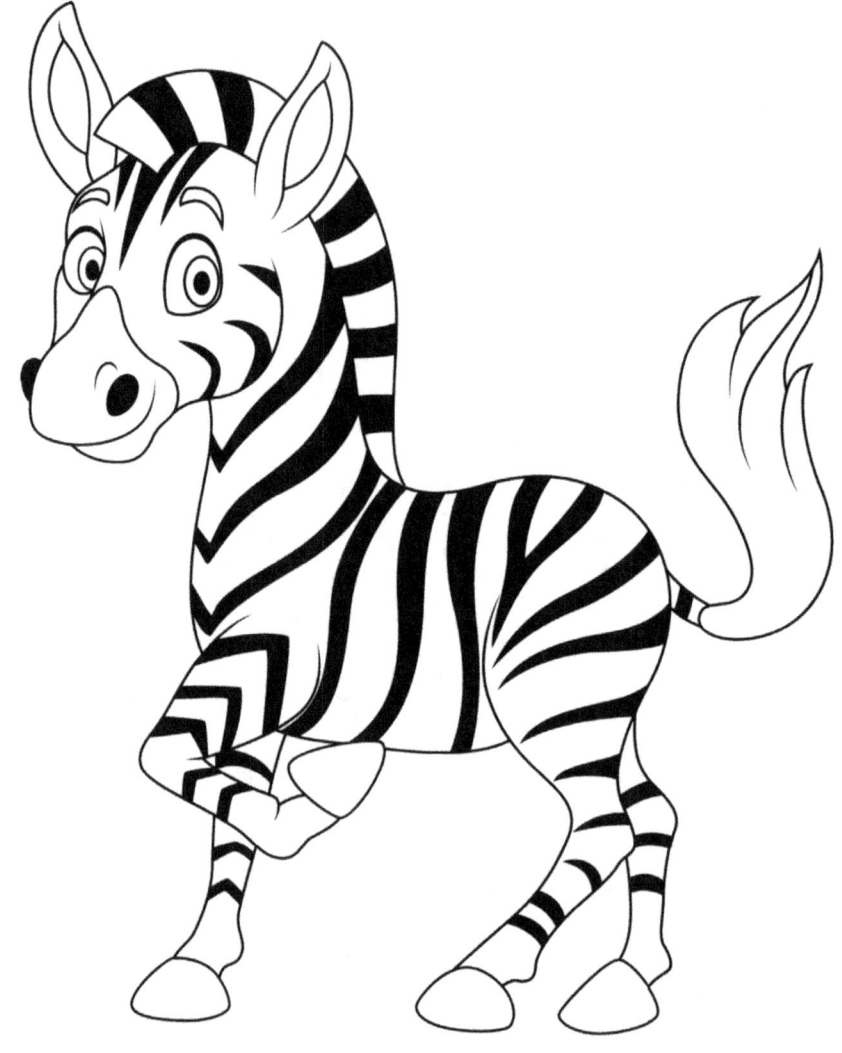

Zebra

Zebra
_____

_____

Olifant

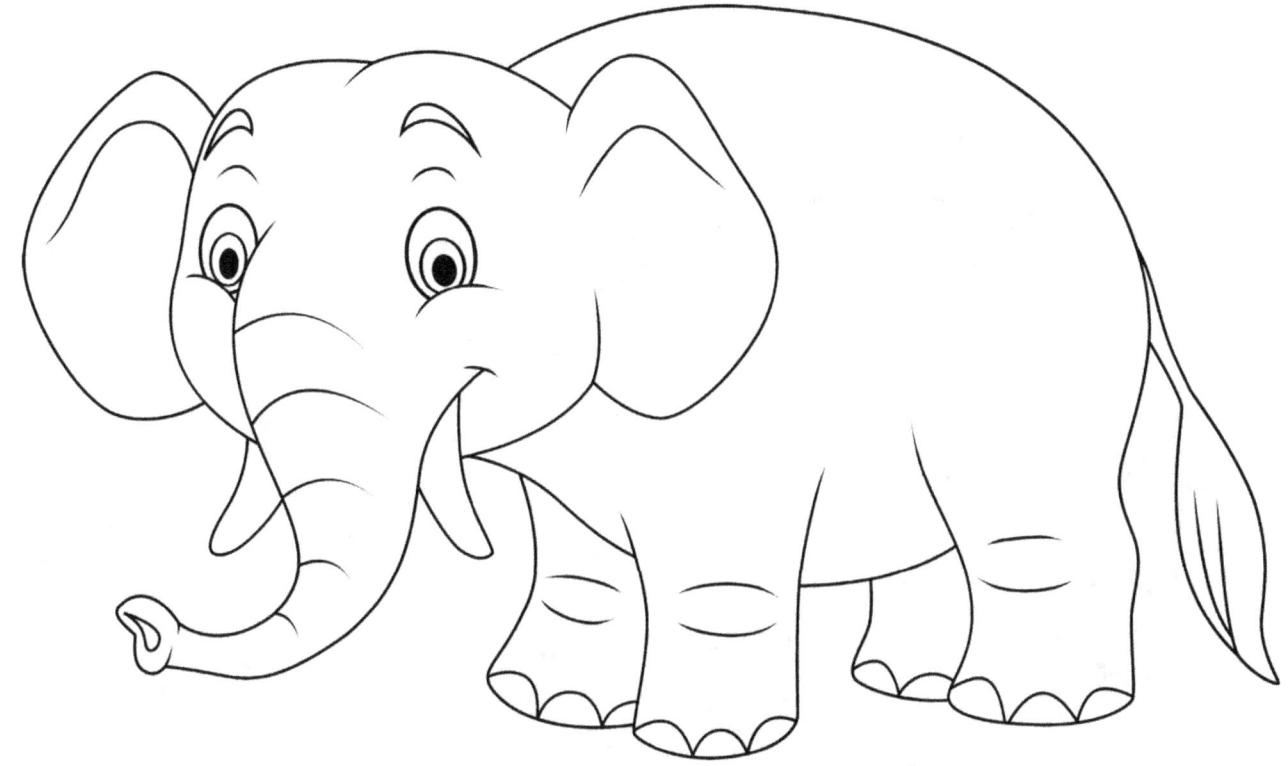

Elefant

Elefant

Vis

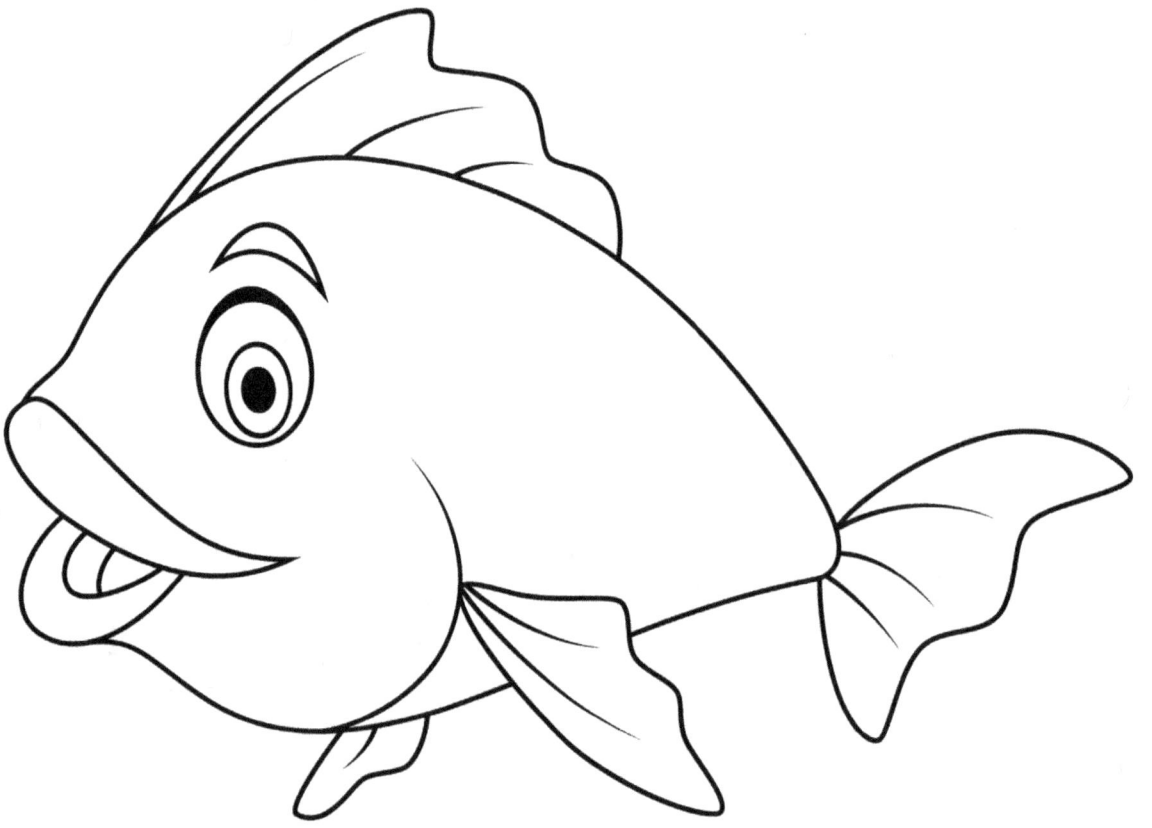

Fisch

Fisch
_____

_____

_____

Slak

Schnec__

Zebra

_eb_a

Olifant

El_fa_t

Vis

F_s_h

Bloem

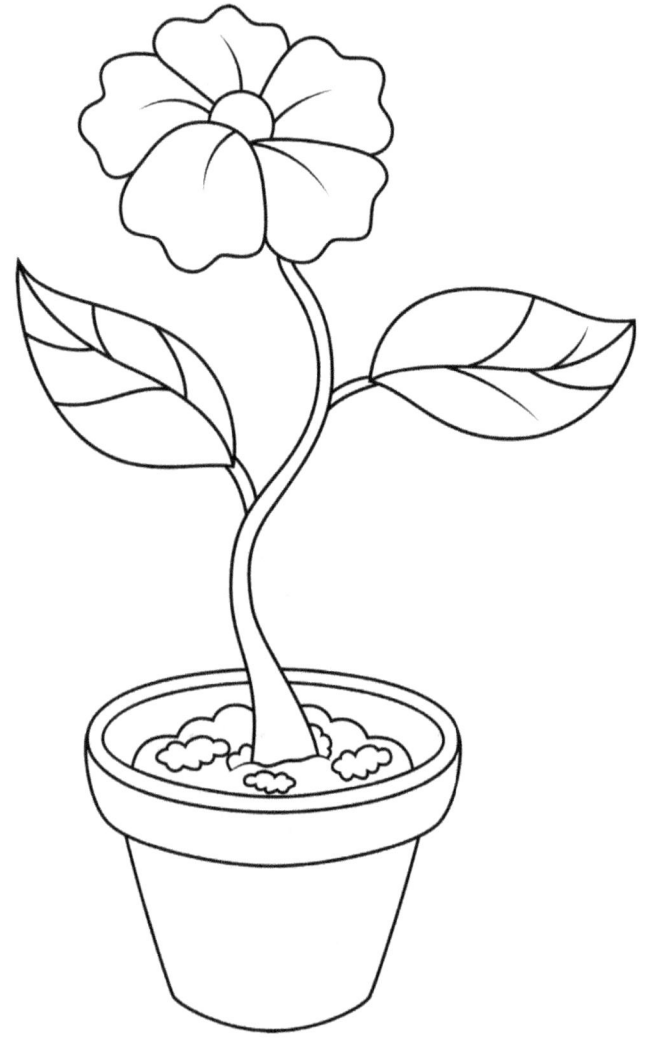

Blume

Blume

Vos

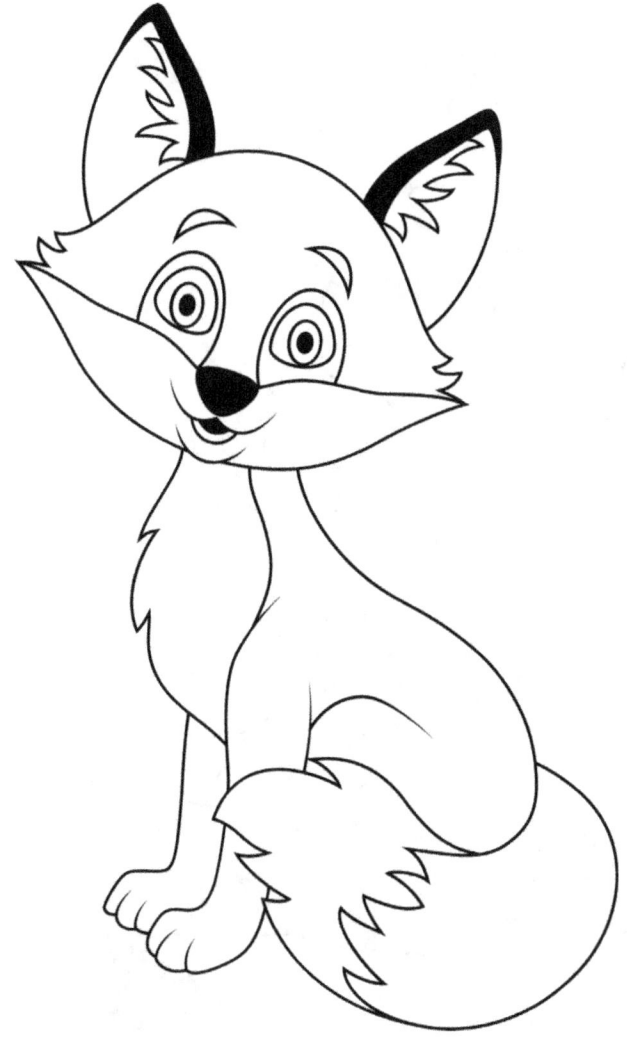

Fuchs

Fuchs

Giraf

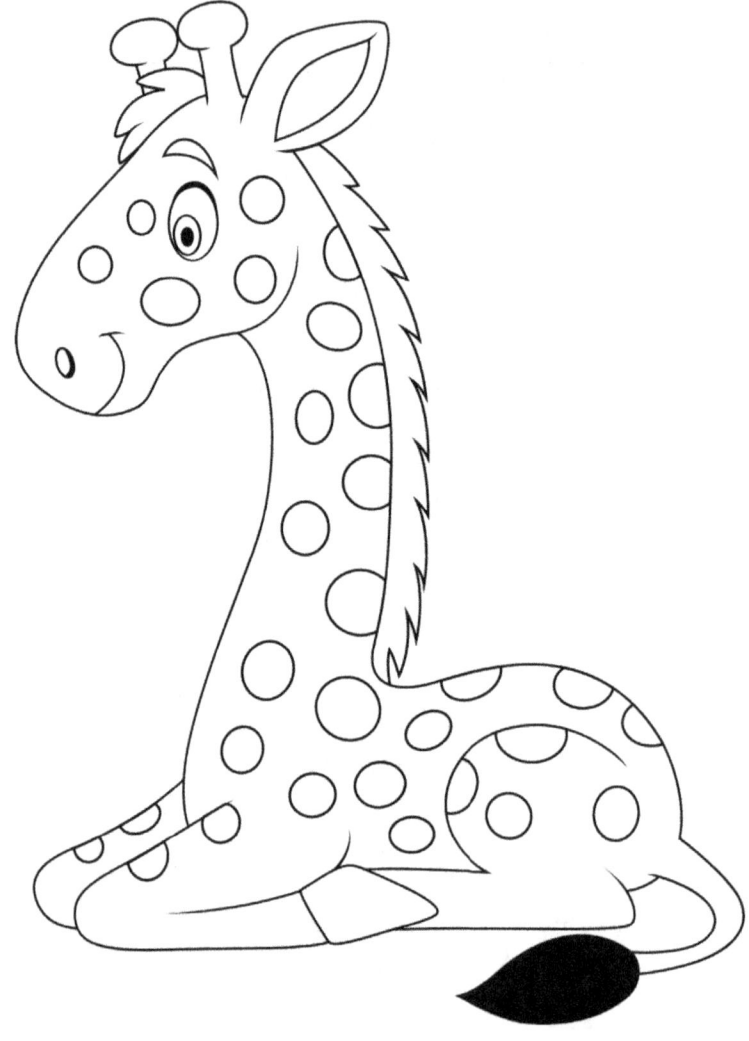

Giraffe

Giraffe

Bril

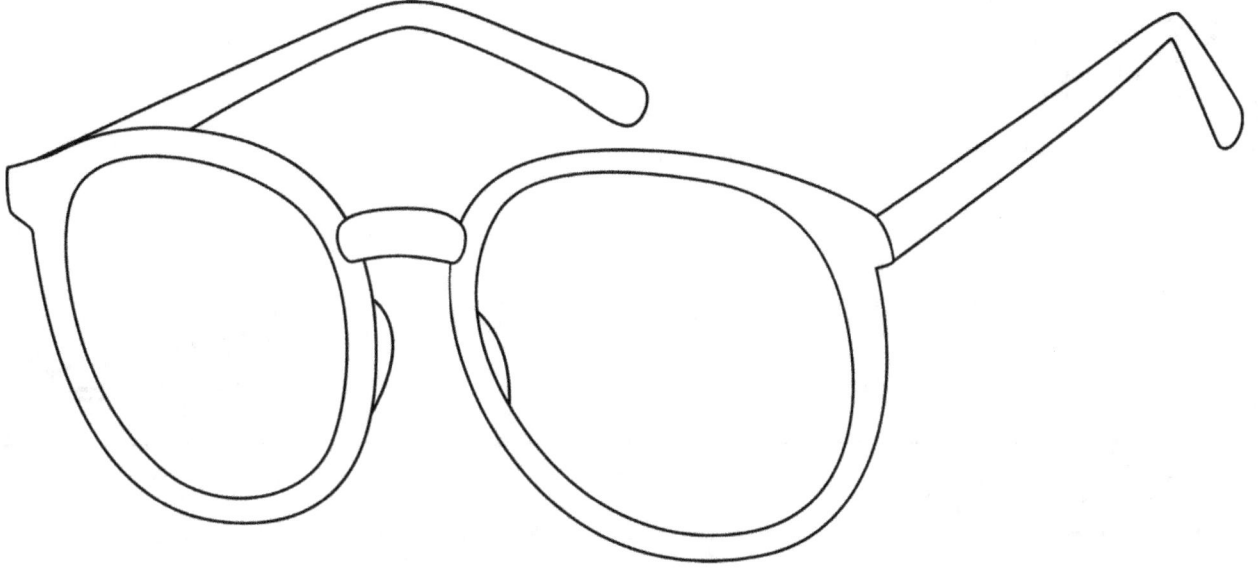

Brille

Brille

Bloem

B__me

Vos

Fuc_s

Giraf

Gira__e

Bril

Bril__

Druif

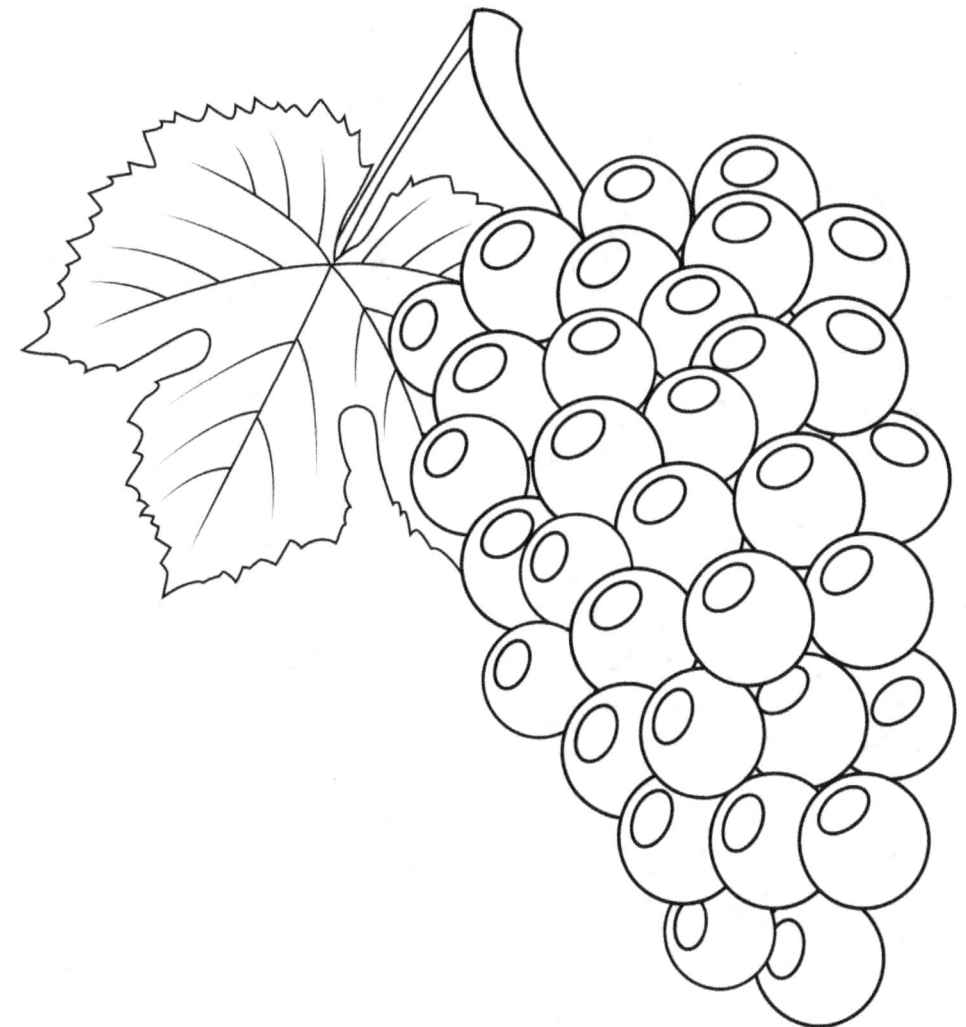

Weintrauben

Weintrauben

Hamburger

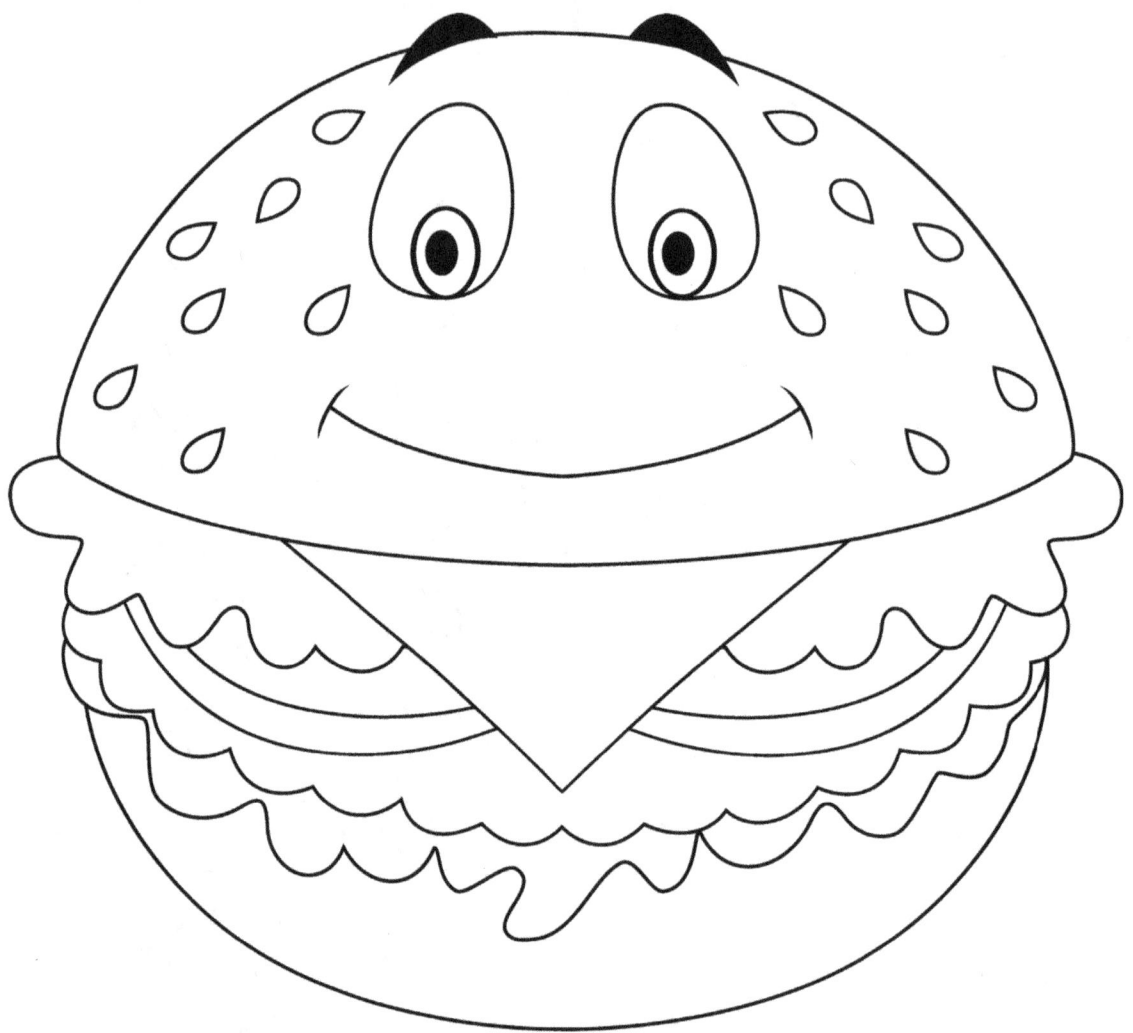

Hamburger

Hamburger

Nijlpaard

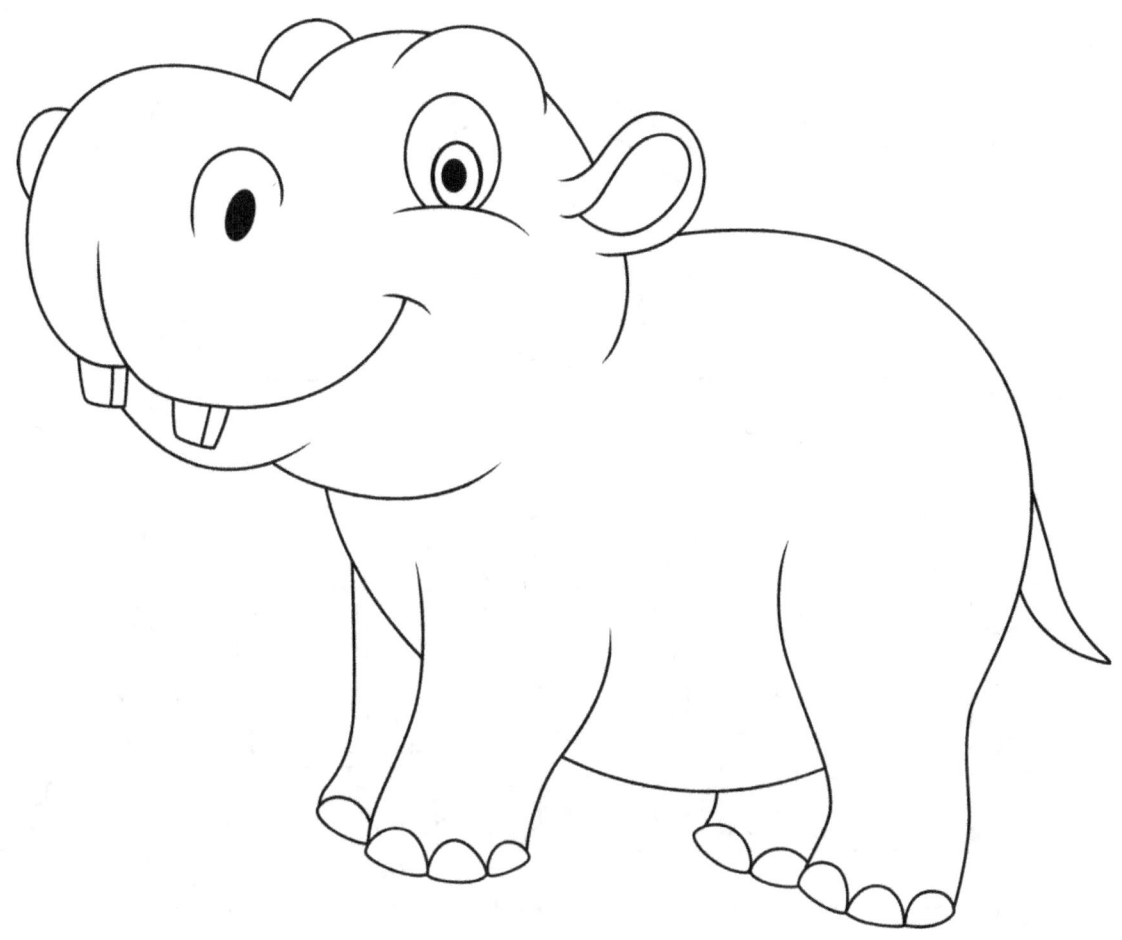

Flusspferd

Flusspferd
_____
_____
_____

Huis

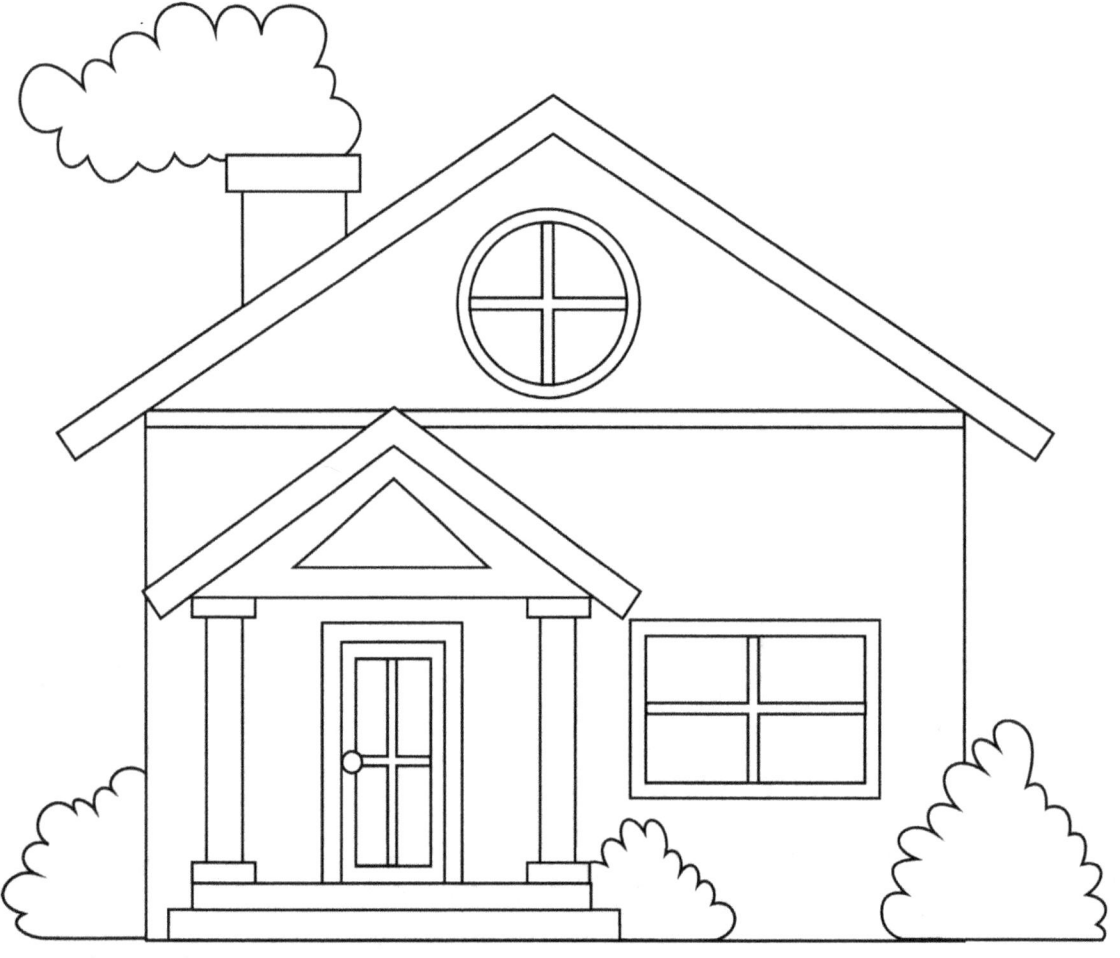

Haus

Haus
_____

_____

_____

Druif

_e_ntrauben

Hamburger

Hamb_rg_r

Nijlpaard

Fl__spferd

Huis

H__s

Ijs

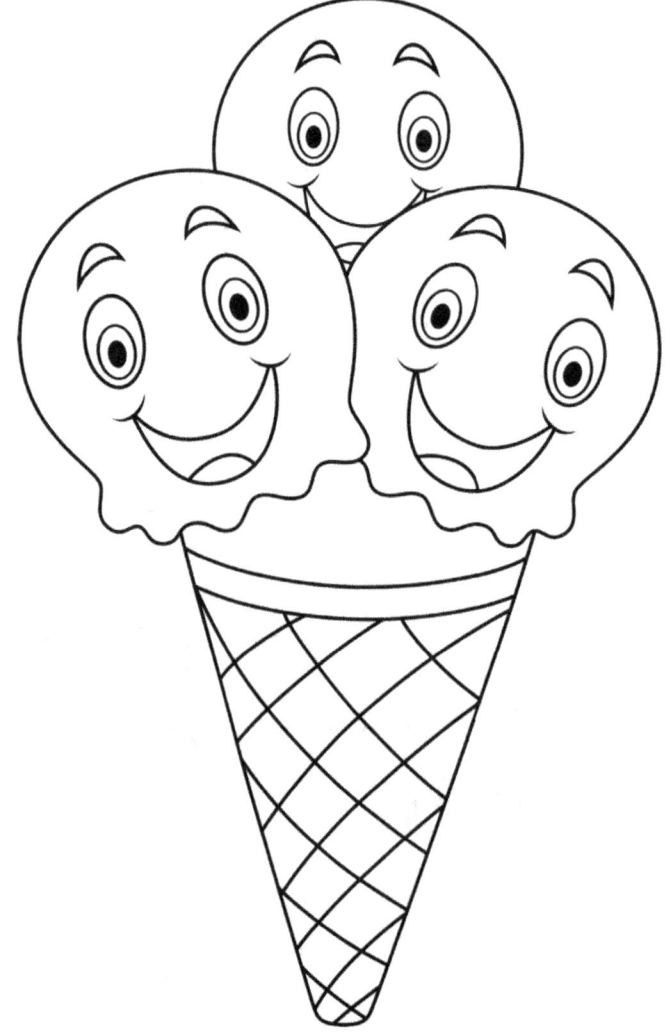

Eiscreme

Eiscreme
_____

_____

_____

Leguaan

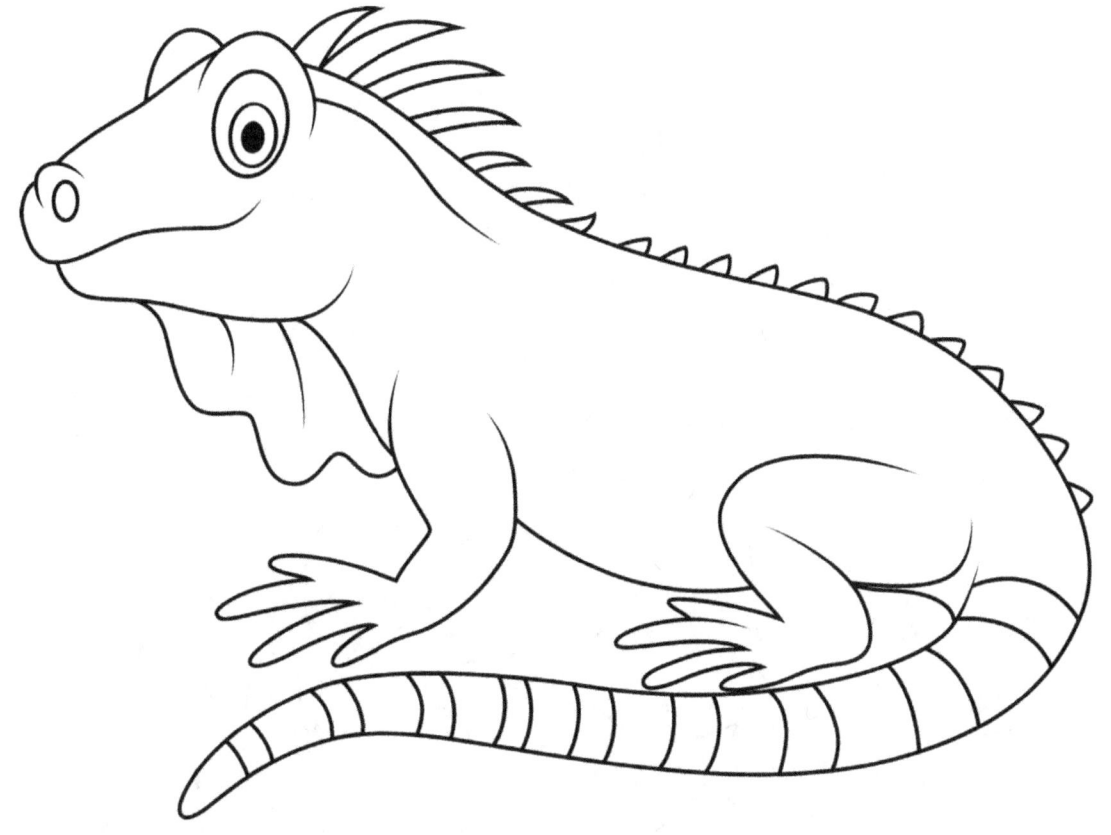

Leguan

Leguan
_____

_____

_____

Eend

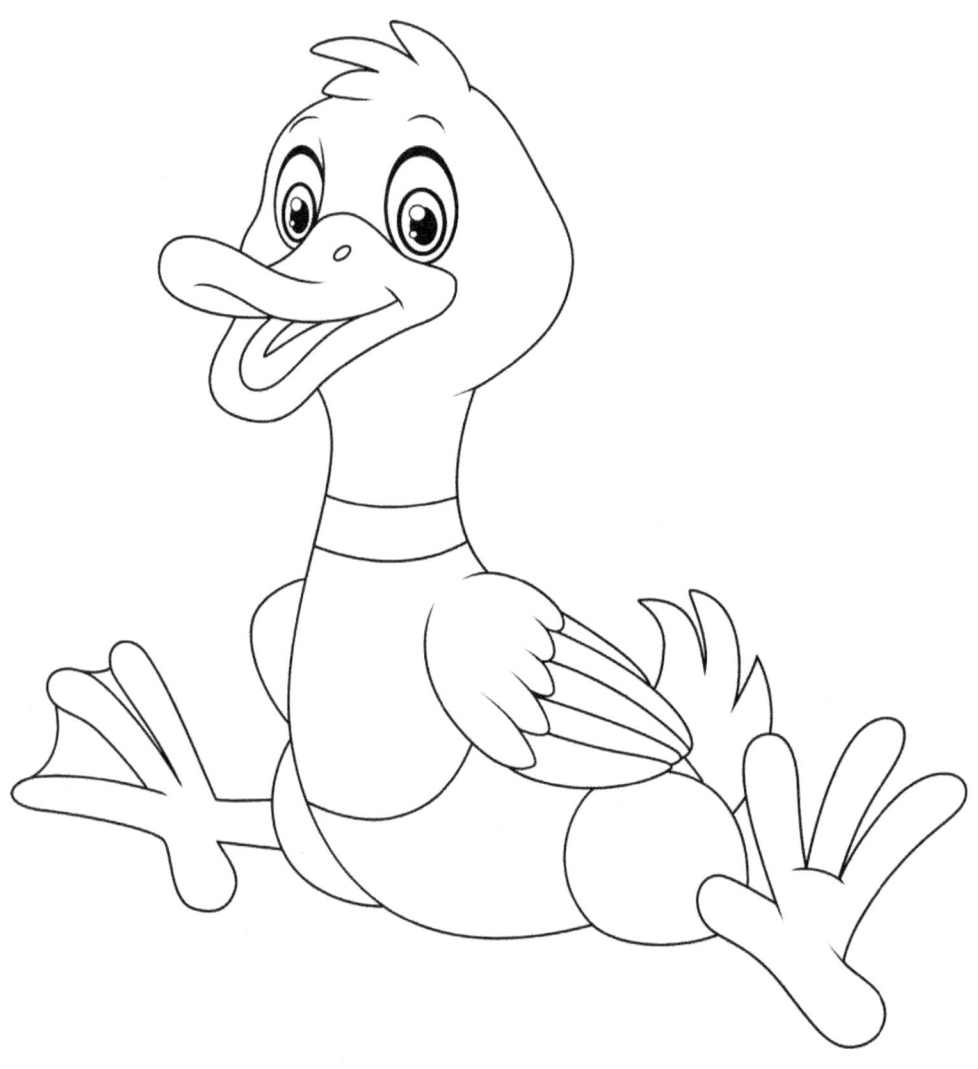

Ente

Ente
_____
_____
_____

Jaguar

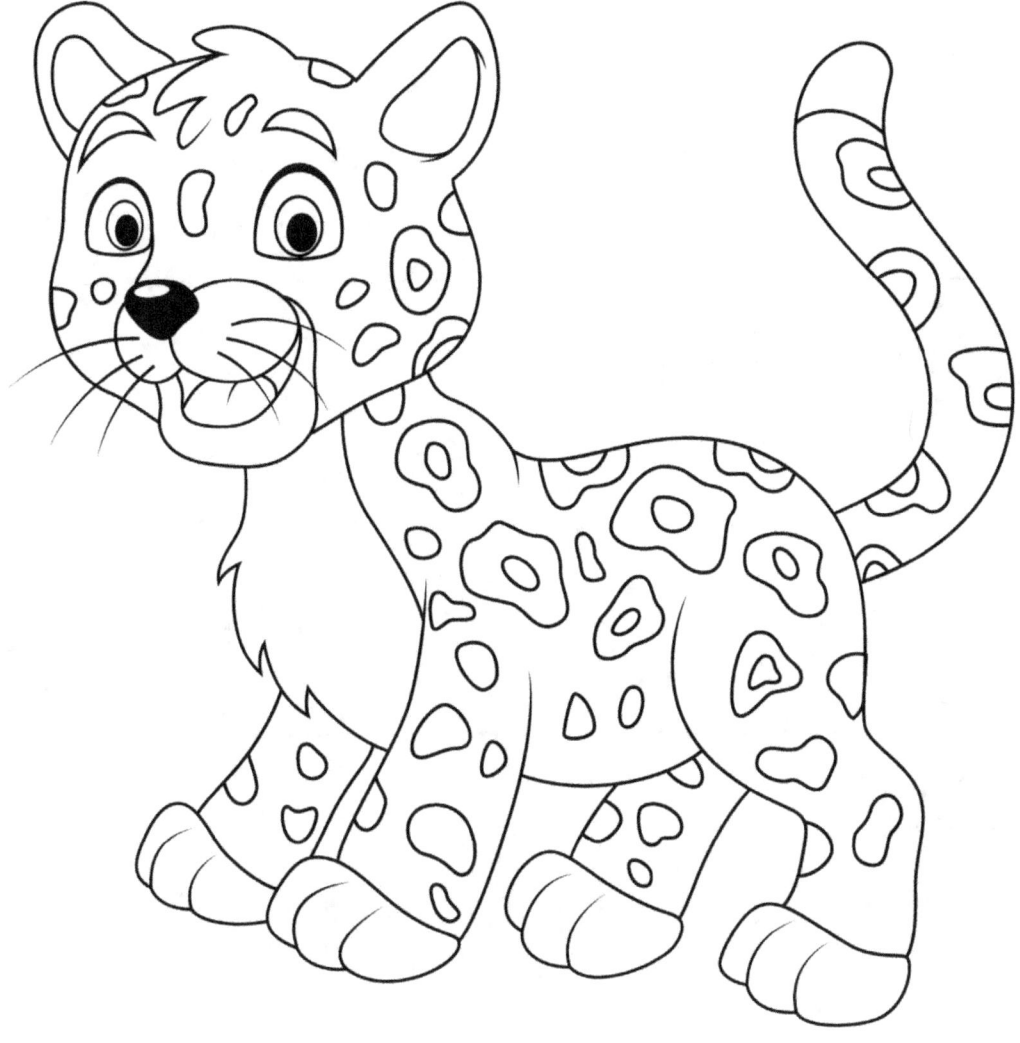

Jaguar

Jaguar
_____

_____

_____

Ijs

E_s_reme

Leguaan

Le__an

Eend

E_t_

Jaguar

_agu_r

Jam

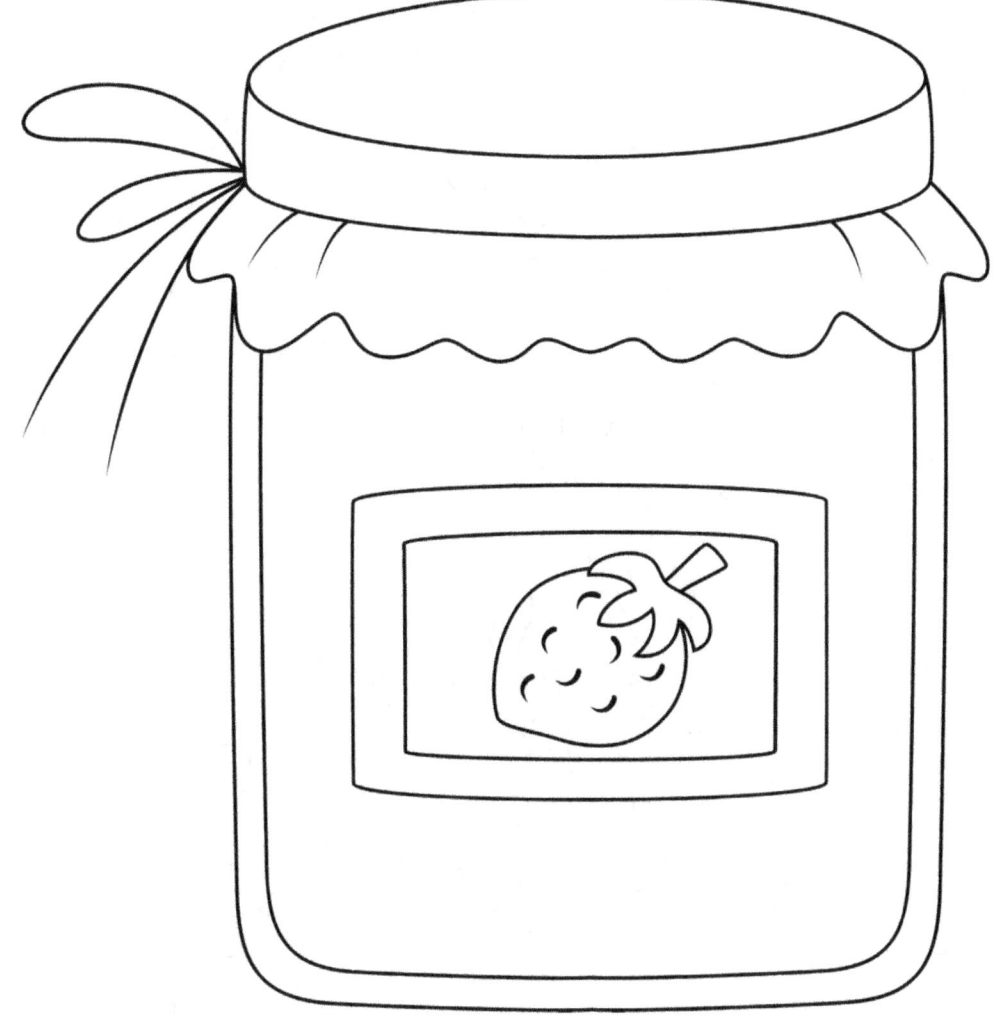

Marmelade

Marmelade

Kwal

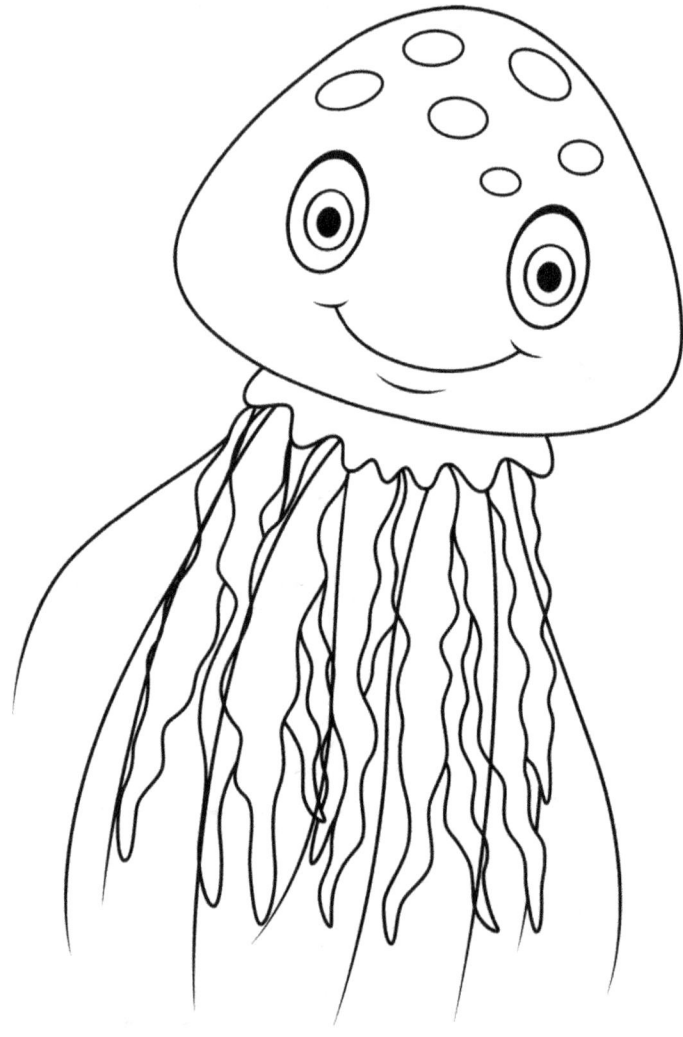

Qualle

Qualle

Zeppelin

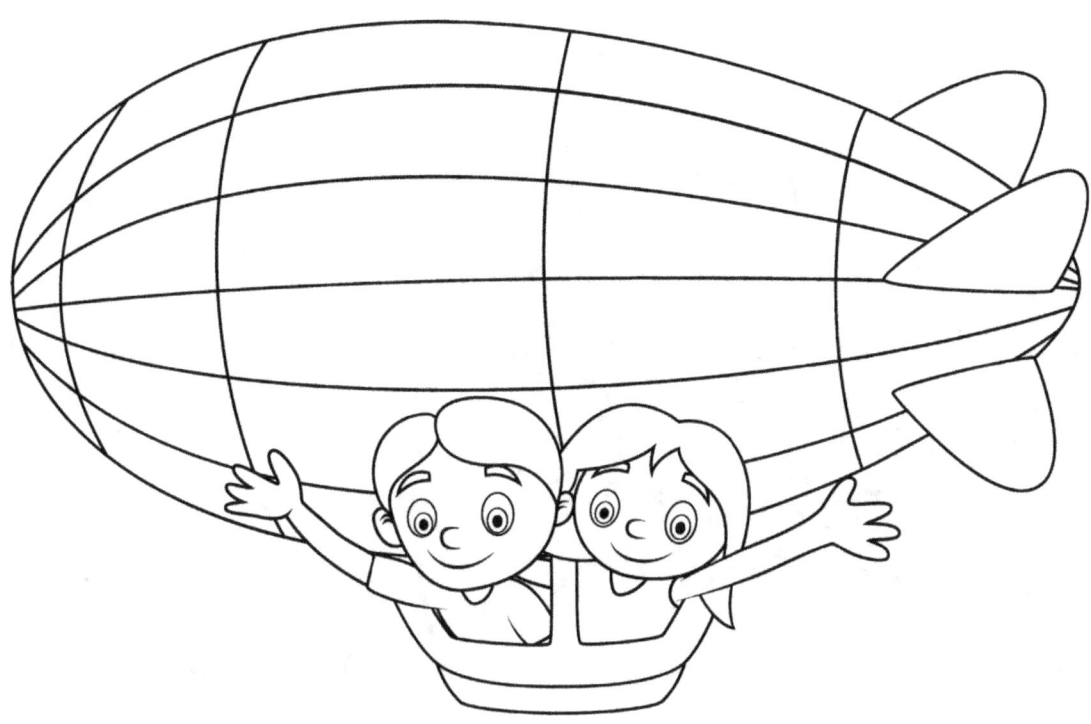

Zeppelin

Zeppelin

Kiwi

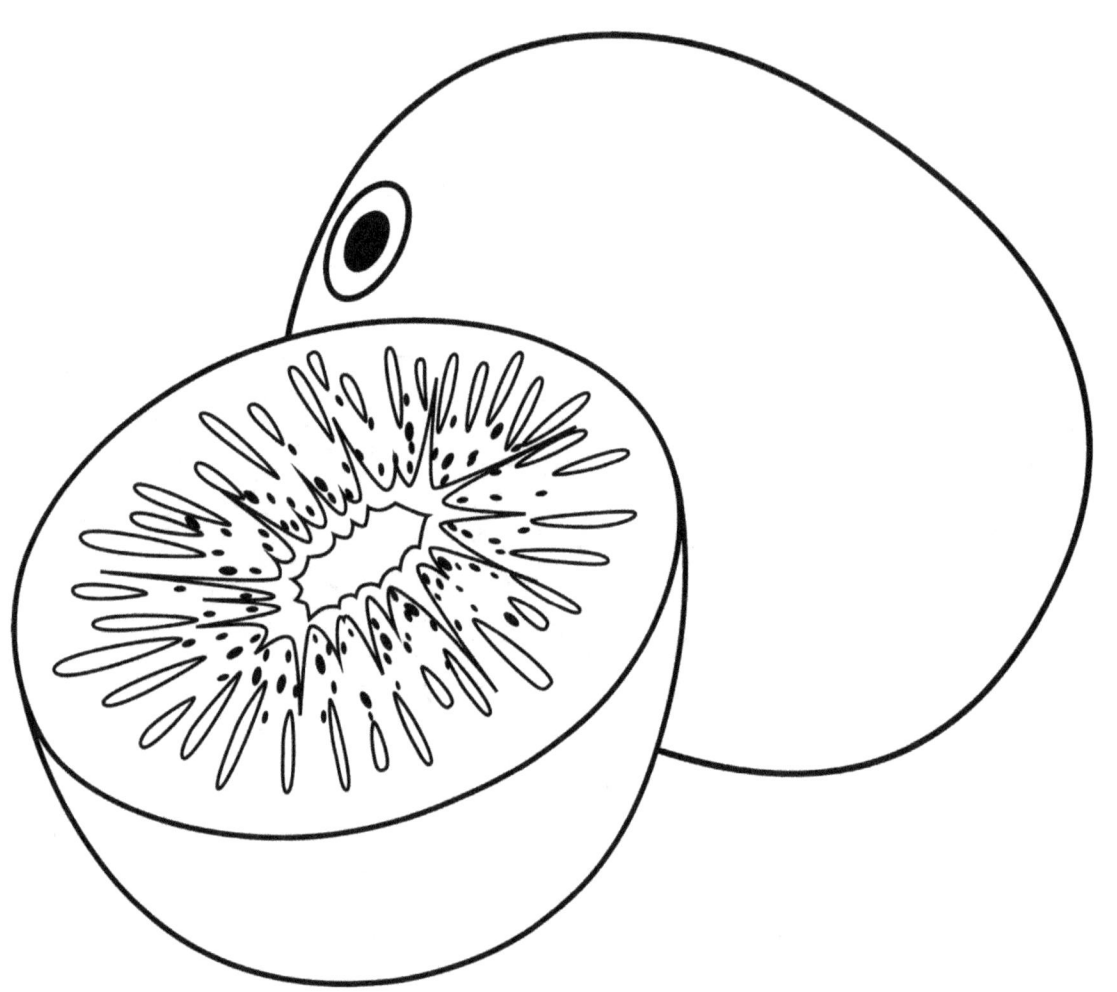

Kiwi

Kiwi

| Jam | Marmela__ |

| Kwal | _ualle |

| Zeppelin | Z_ppe_in |

| Kiwi | K__i |

Aardbei

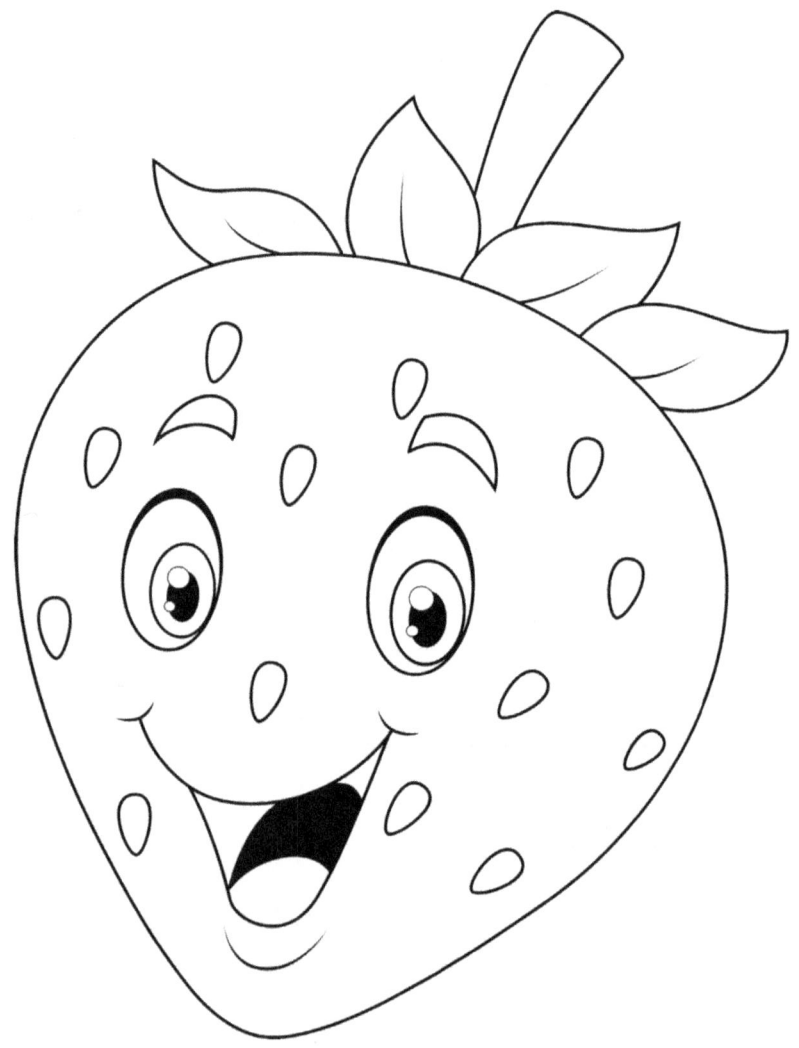

Erdbeere

Erdbeere

Bladeren

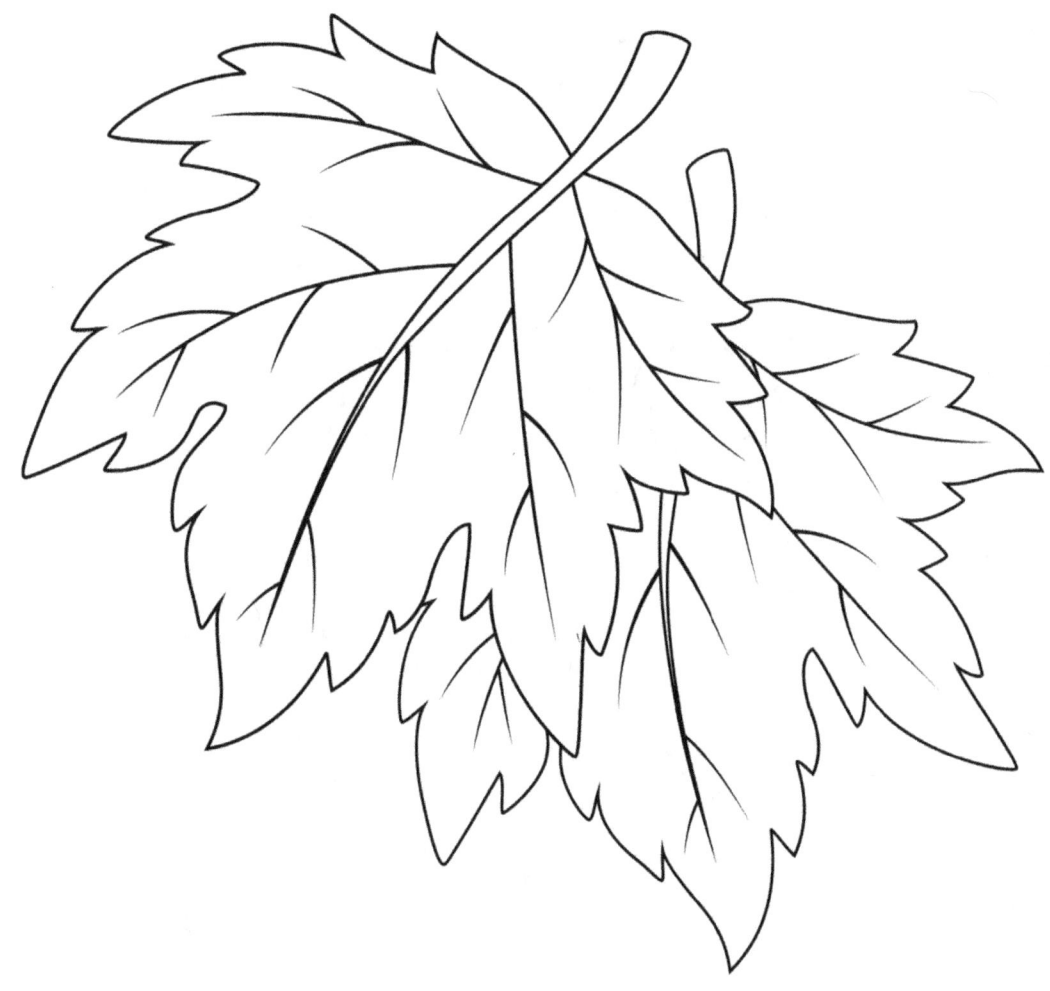

Blätter

Blätter
___
___
___

Lamp

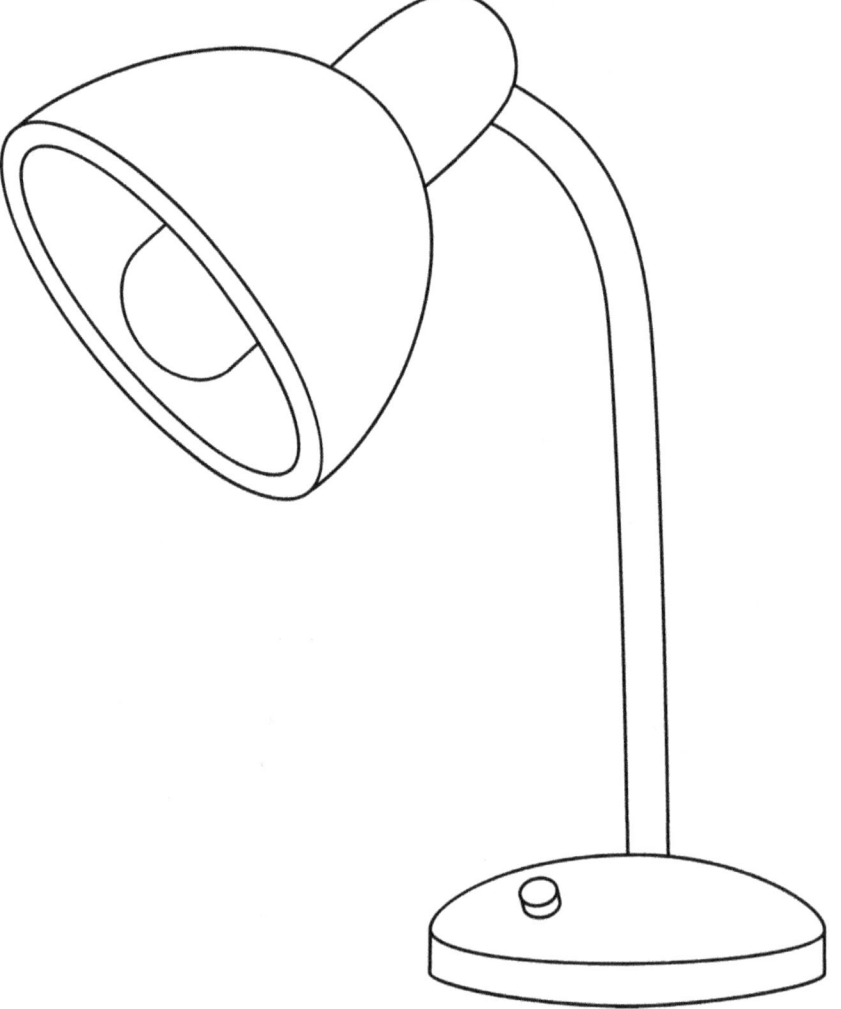

Lampe

Lampe

Leeuw

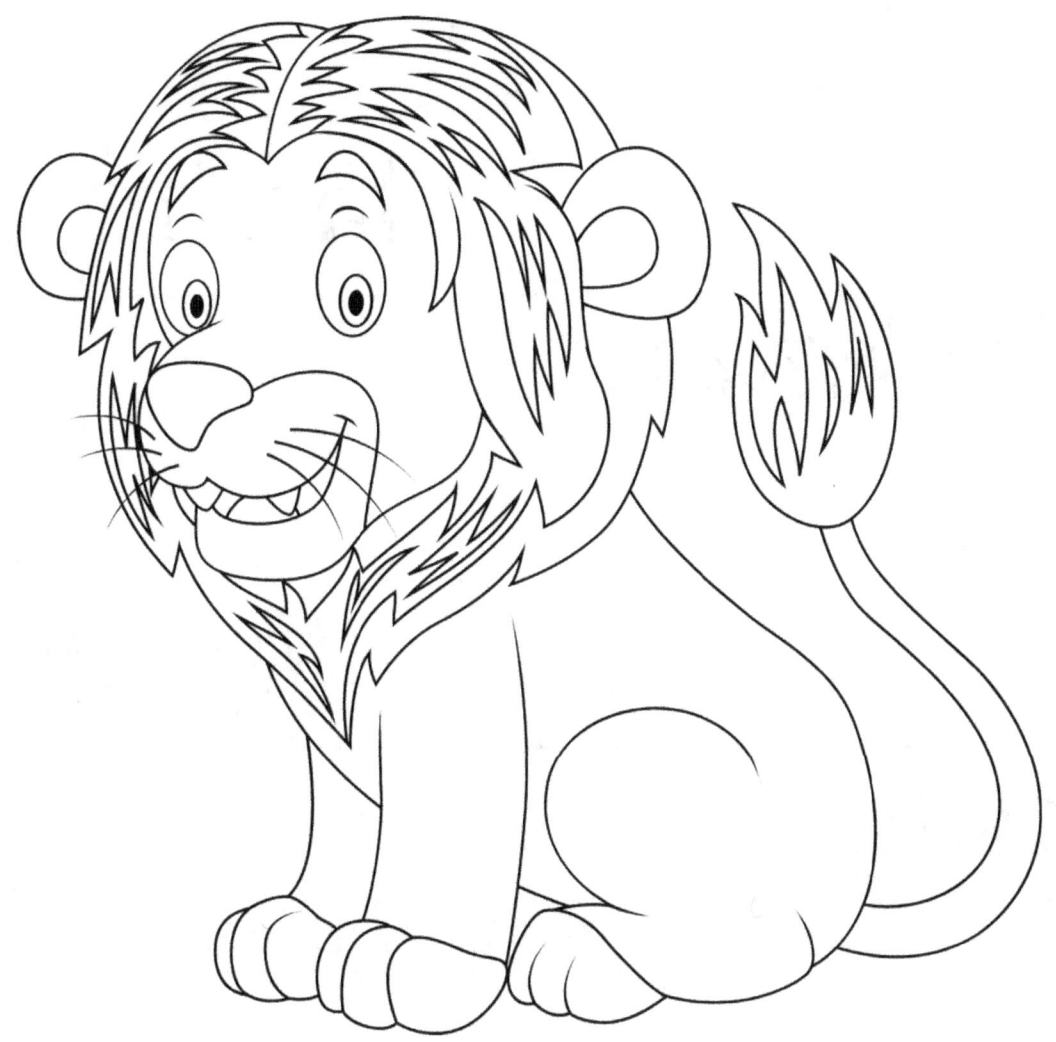

Löwe

Löwe
_____

_____

_____

Aardbei

Erdbe_r_

Bladeren

Bl_tt_r

Lamp

amp

Leeuw

_ö_e

Aap

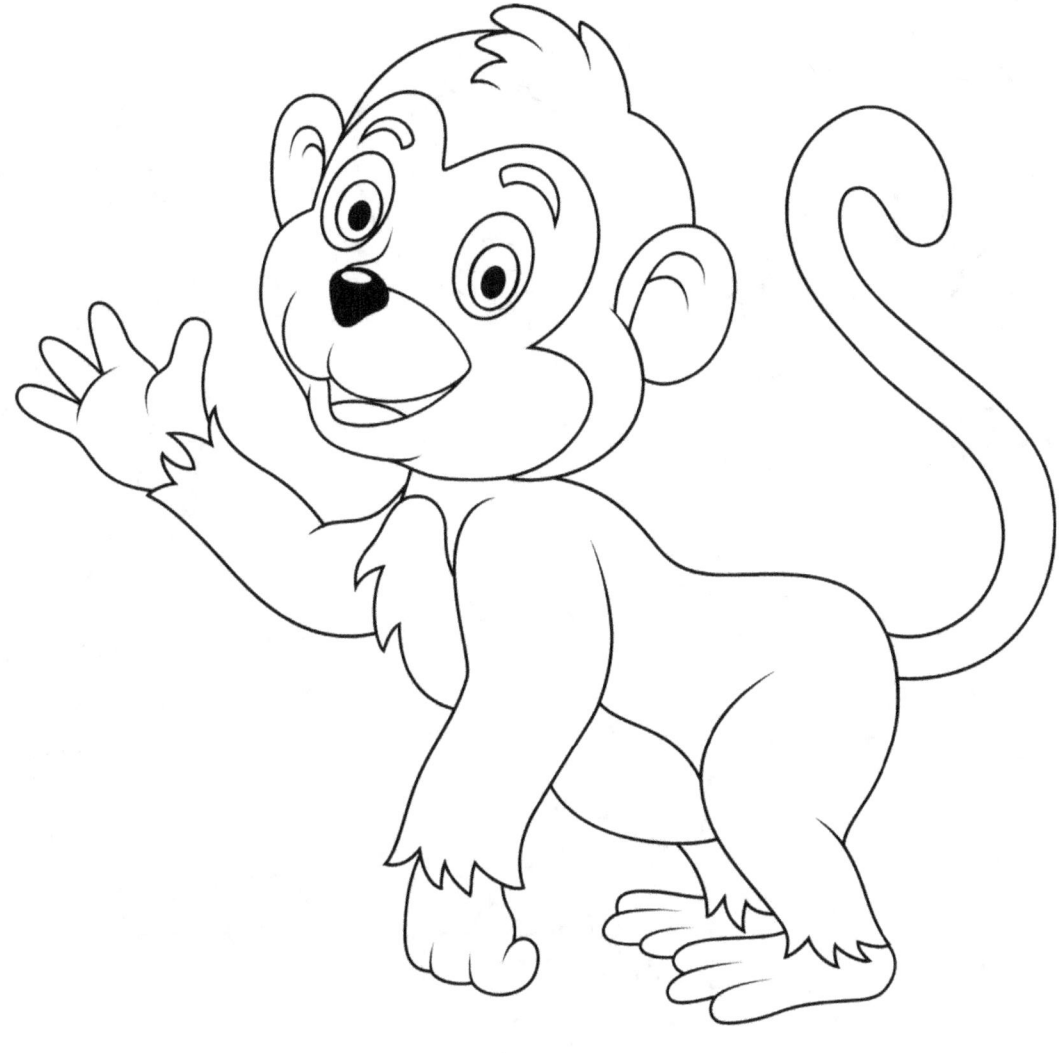

Affe

Affe
_____

_____

_____

Muis

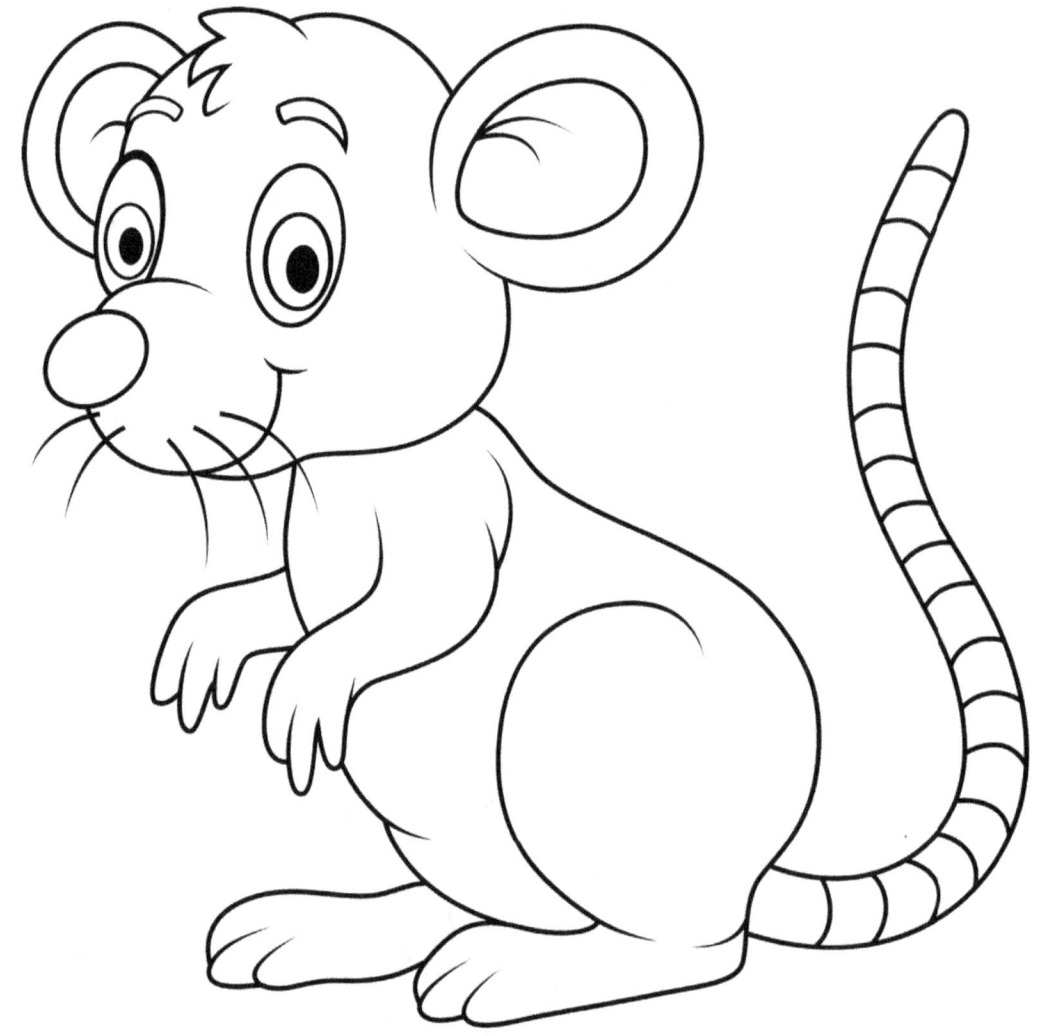

Maus

Maus
_____
_____
_____

Vliegenzwam

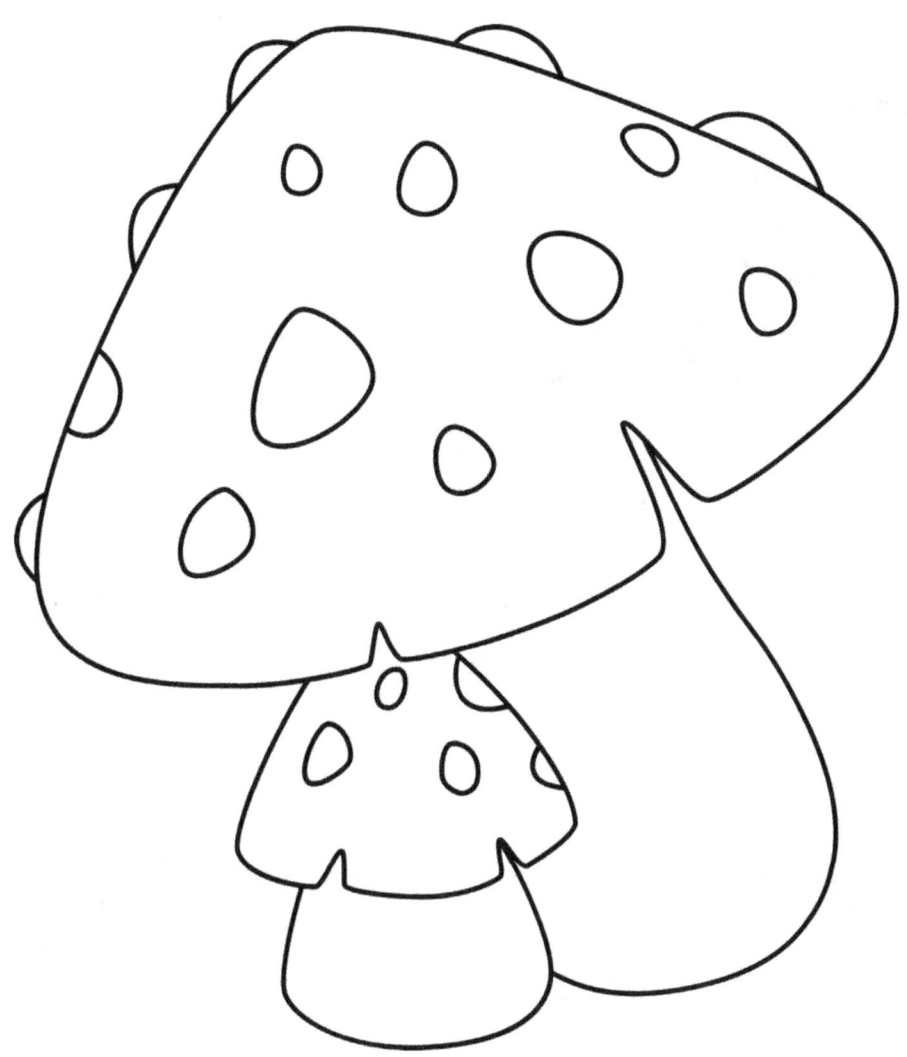

Fliegenpilz

Fliegenpilz

Spijker

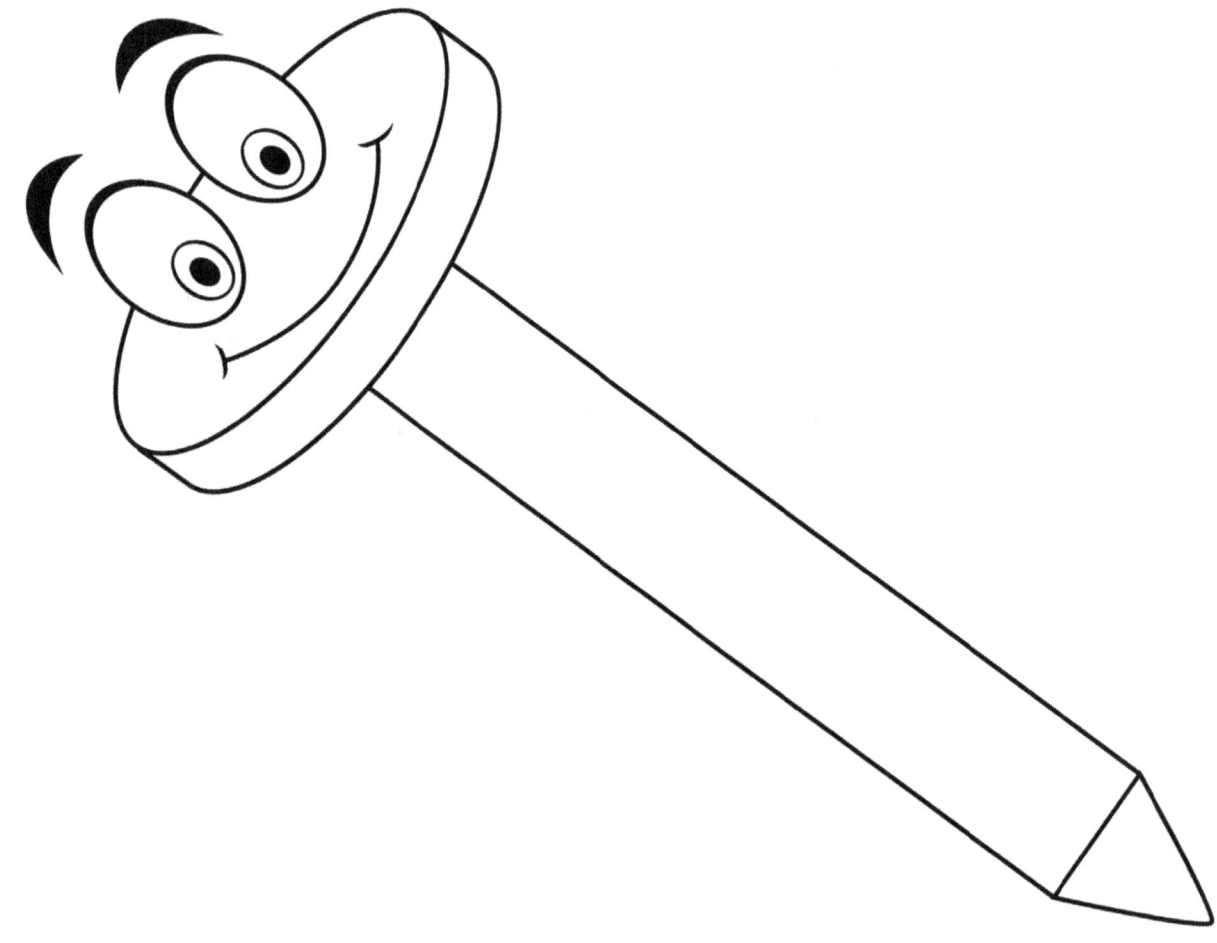

Nagel

Nagel

Aap

_f_e

Muis

M__s

Vliegenzwam

Flieg_npil_

Spijker

Na_e_

Paard

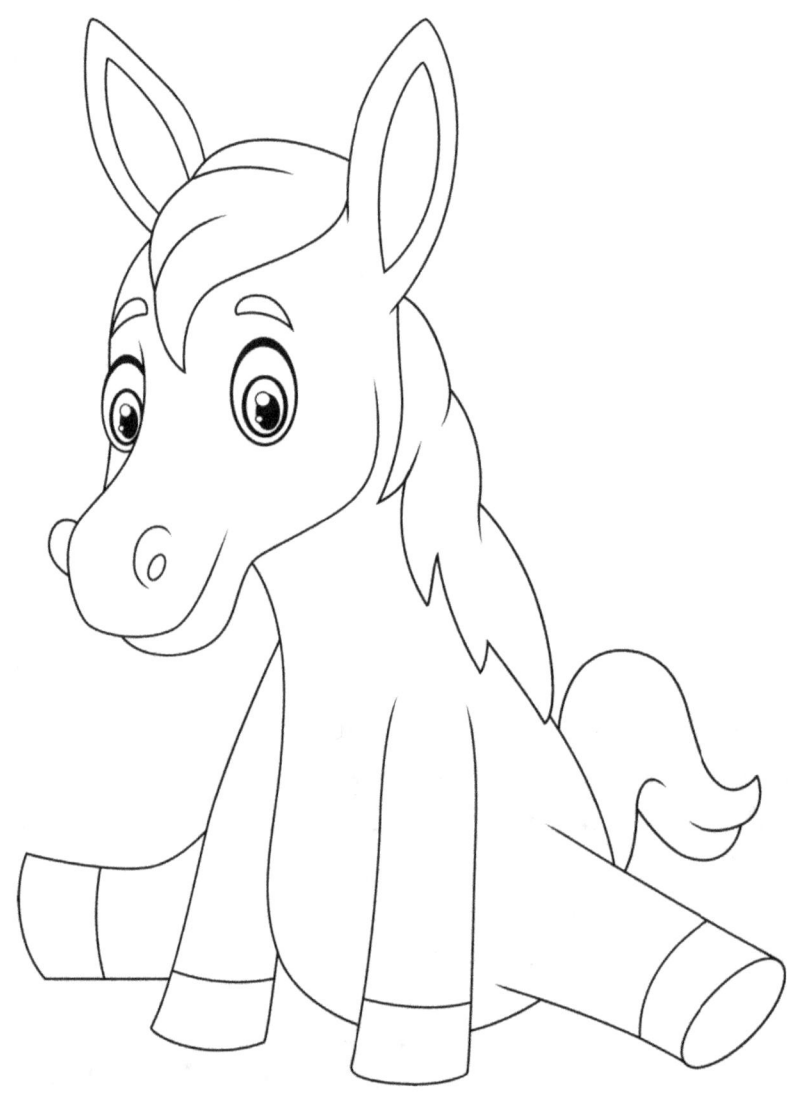

Pferd

Pferd

Noot

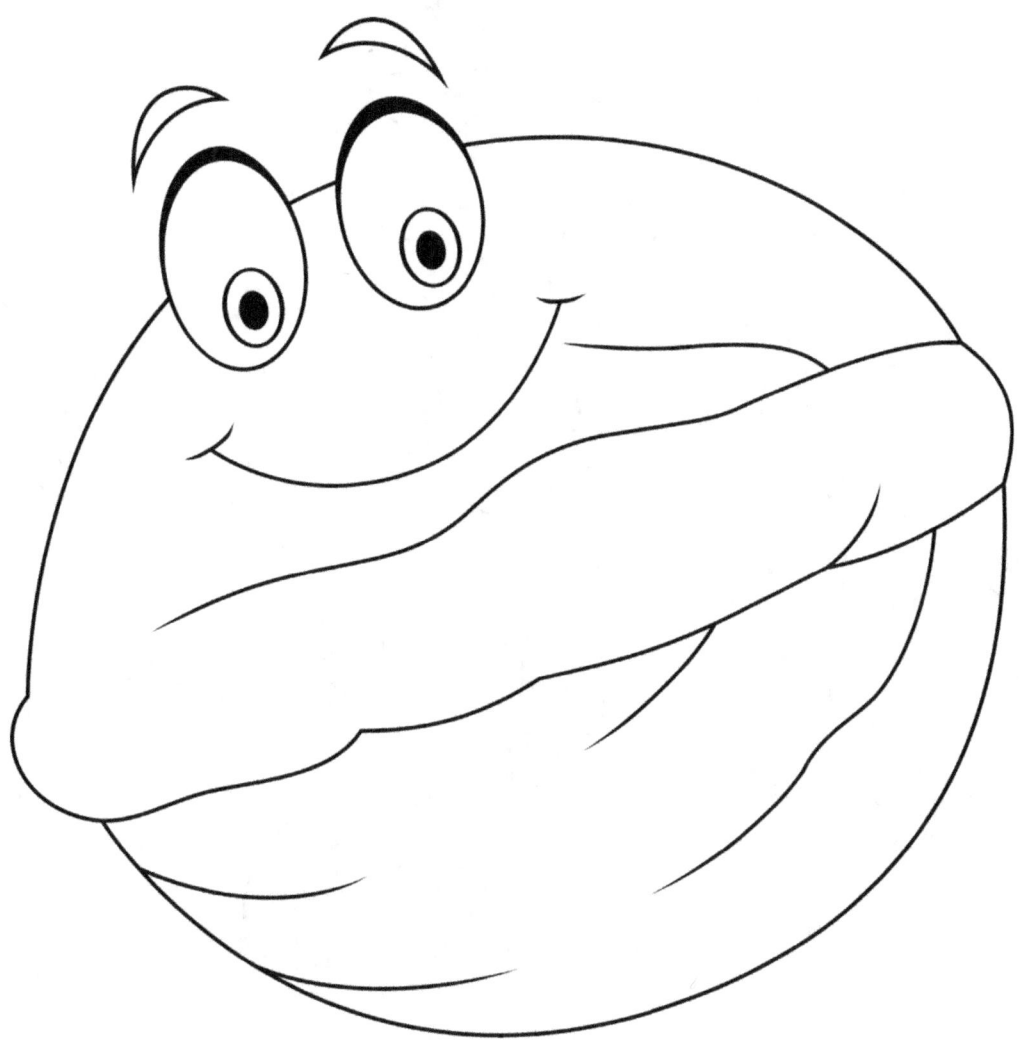

Nuss

Nuss

Octopus

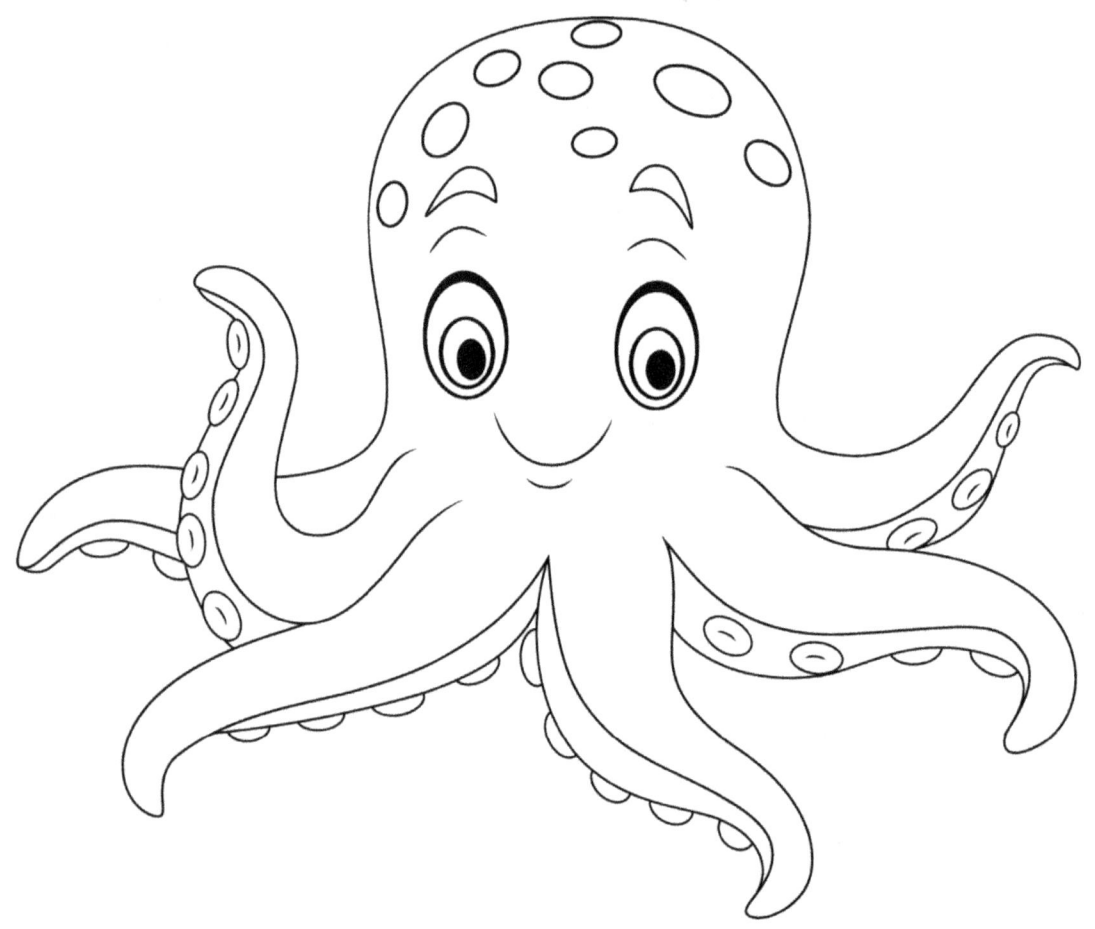

Krake

Krake

Oranje

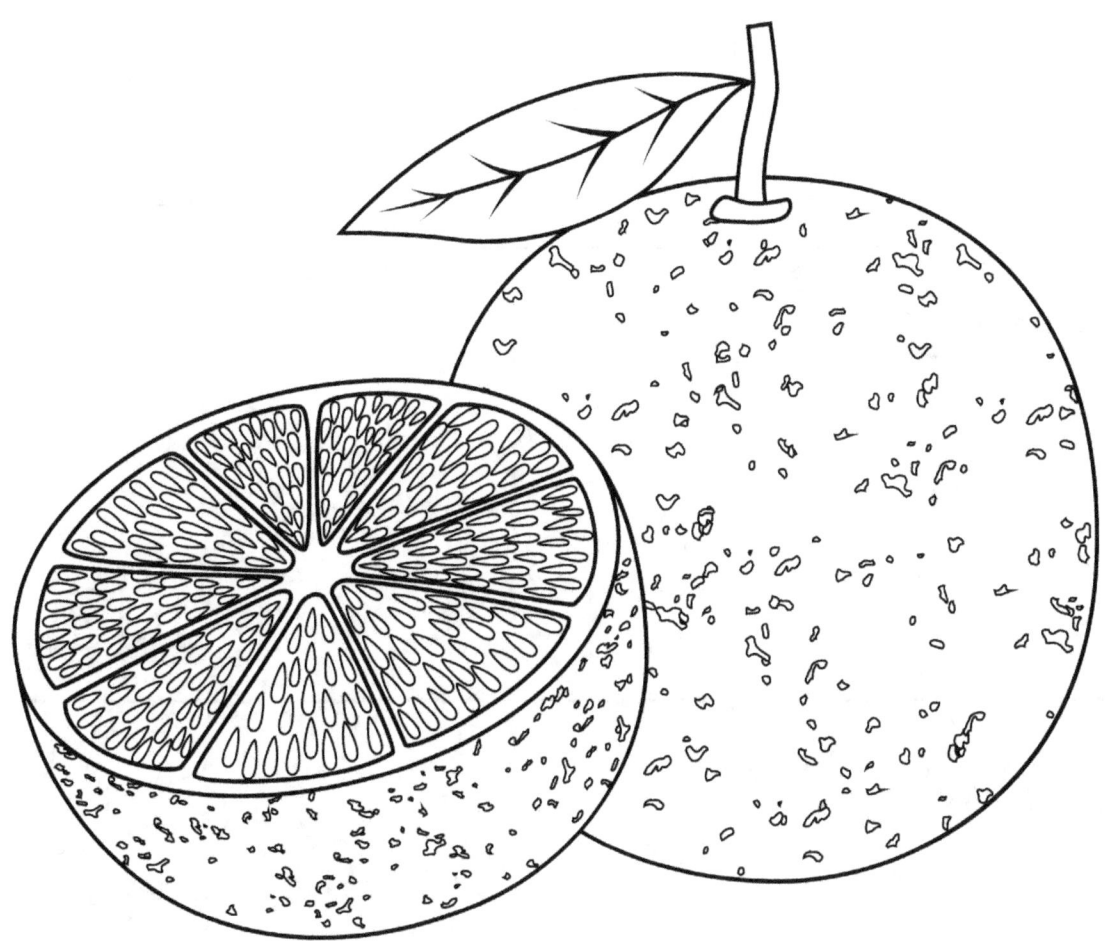

Orange

Orange

Paard

__erd

Noot

Nu_s

Octopus

_r_ke

Oranje

O__nge

Uil

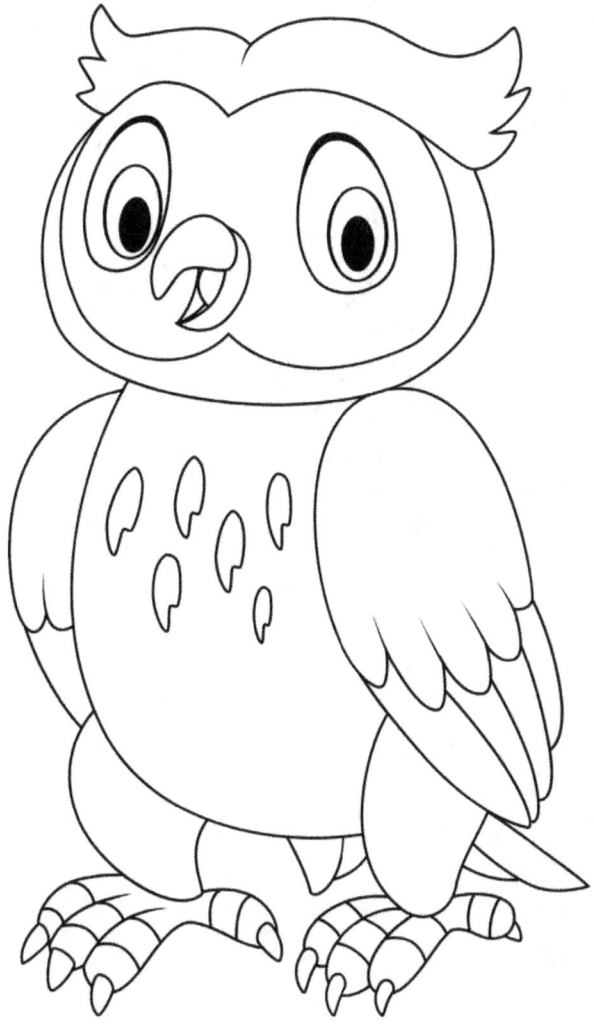

Eule

Eule
_____
_____
_____

Pen

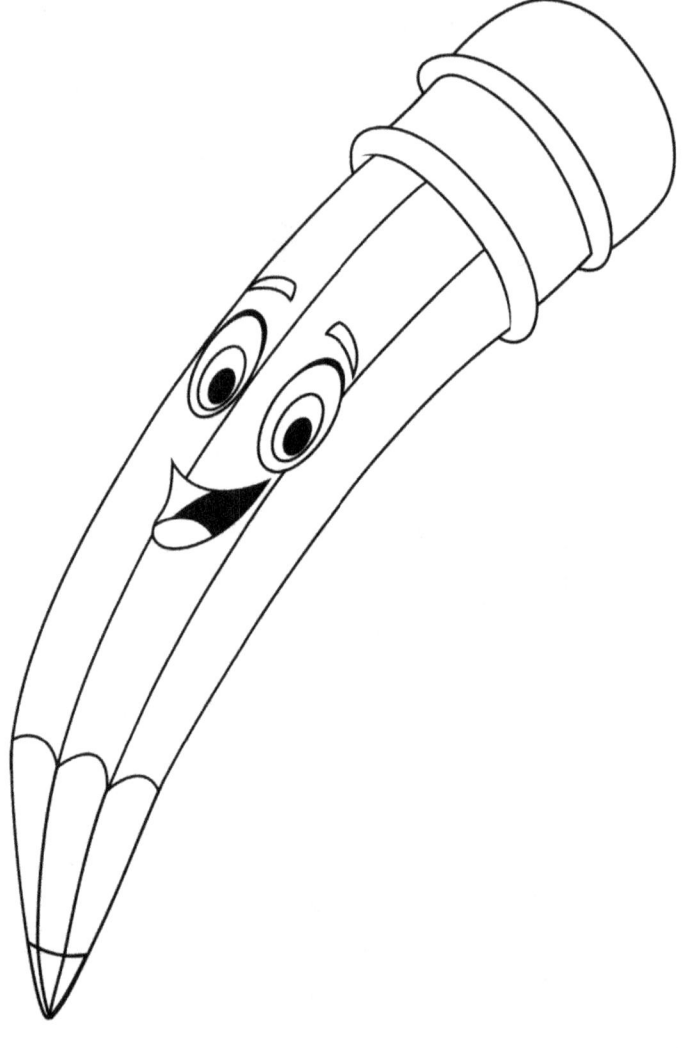

Stift

Stift
_____

_____

_____

Taart

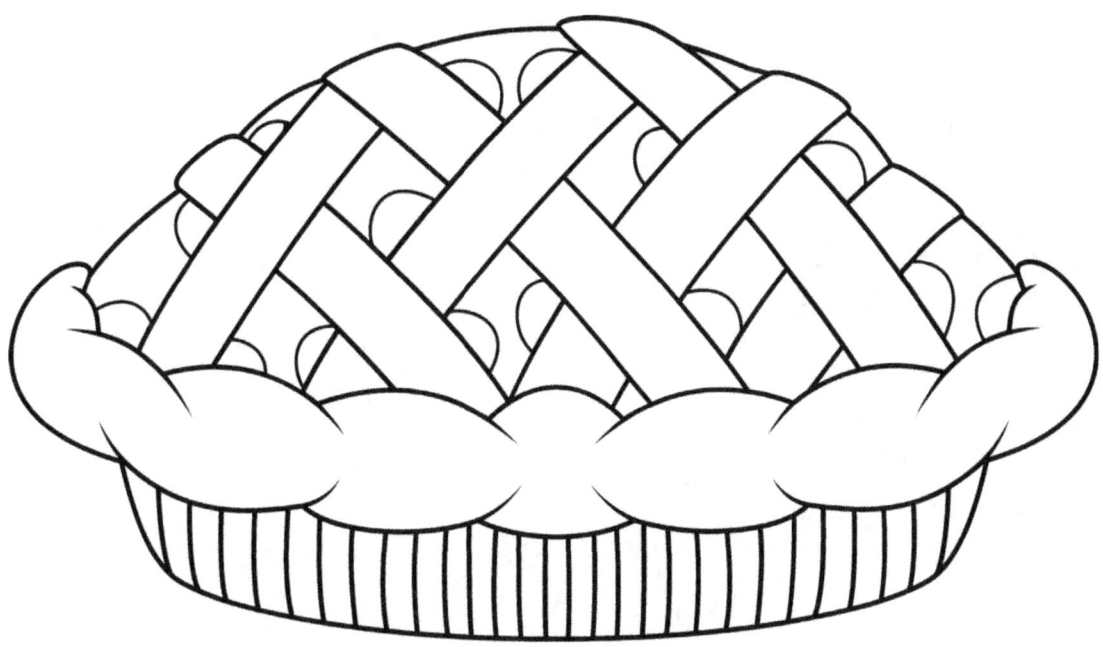

Torte

Torte

Varken

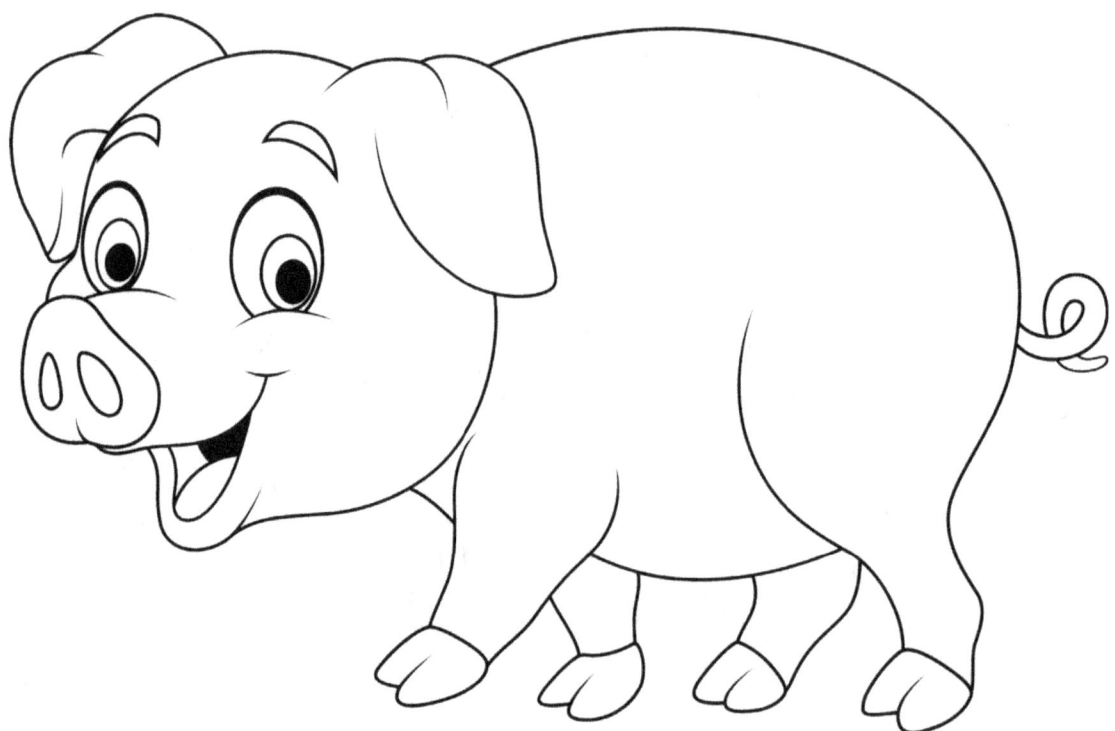

Schwein

Schwein
_____

_____

_____

Uil	
	E__e

Pen	
	_t_ft

Taart	
	To_t_

Varken	
	S__wein

Vogel

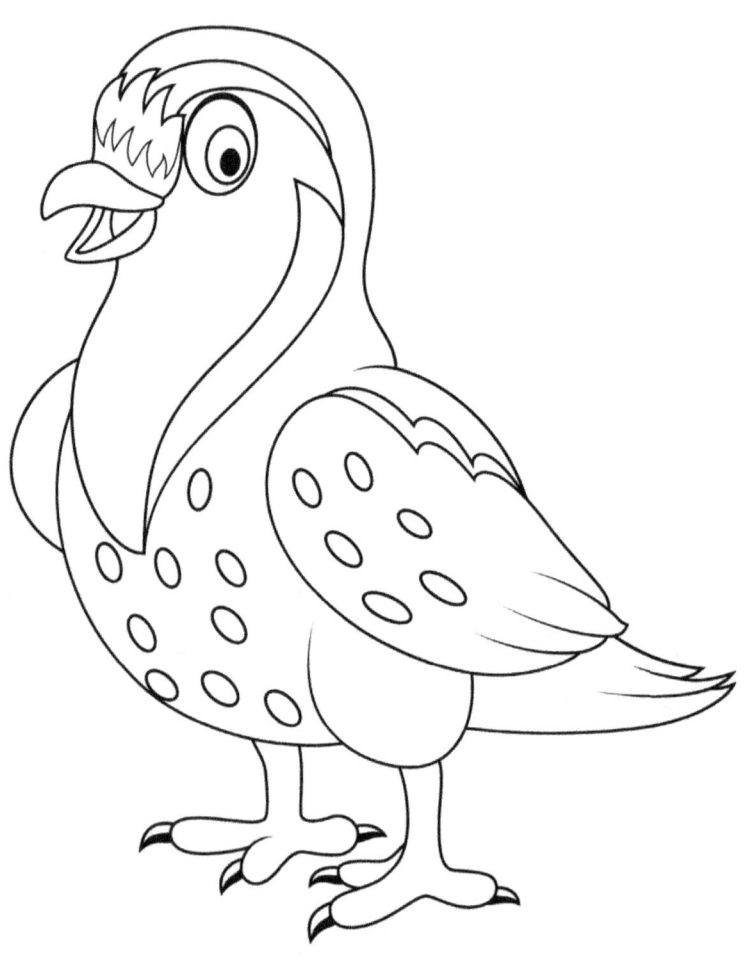

Vogel

Vogel

Koningin

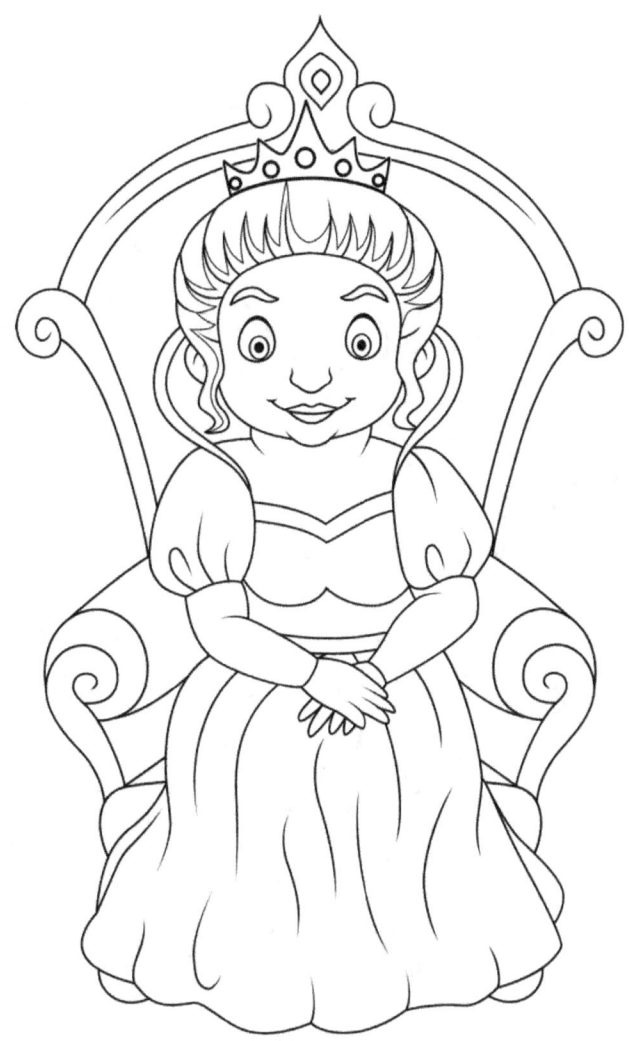

Königin

Königin
_____
_____
_____

Pluim

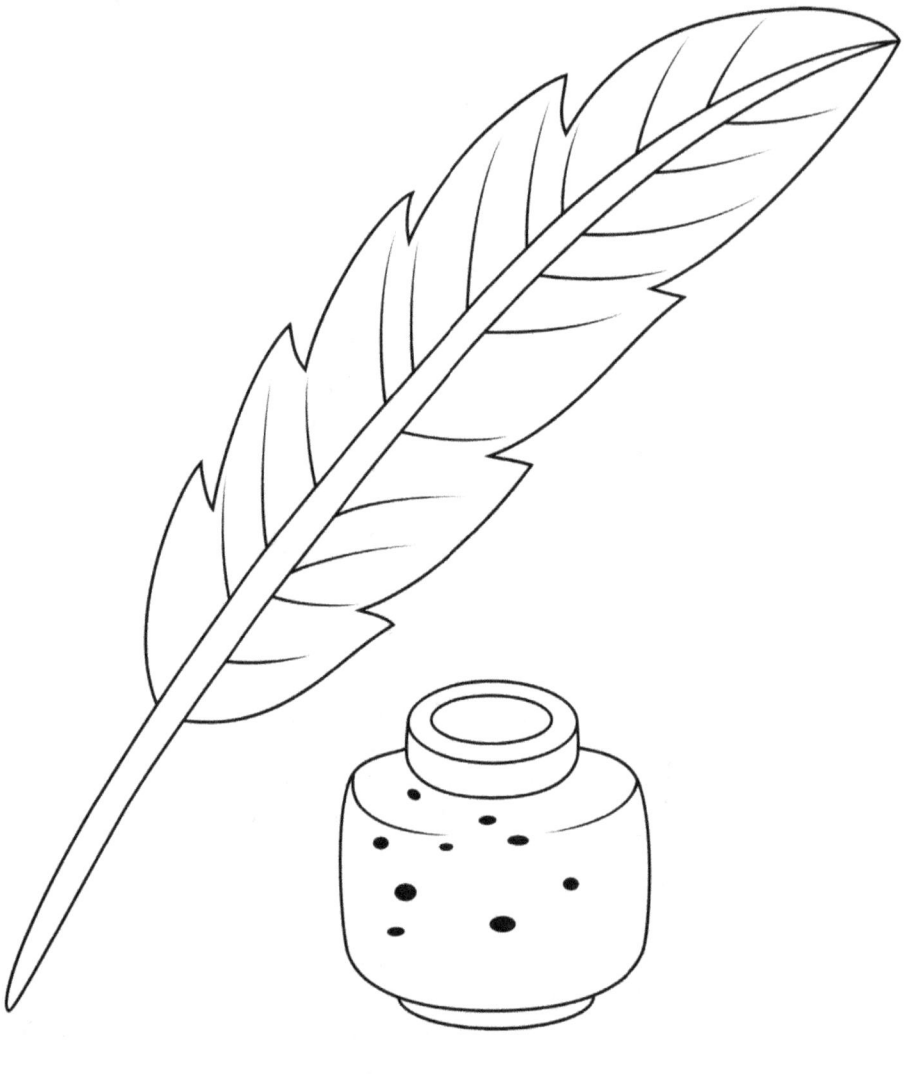

Feder

Feder

Haas

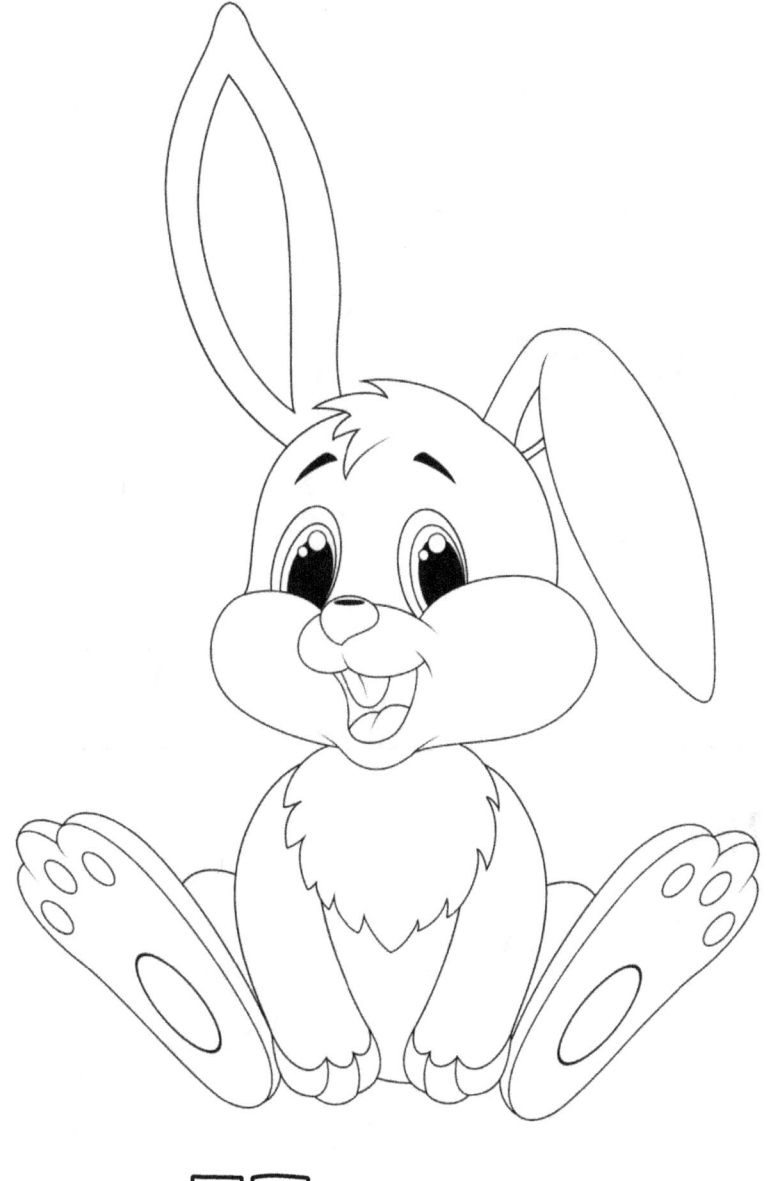

Hase

Hase
___
___

Vogel

V_g_l

Koningin

Kön_gin

Pluim

F__er

Haas

_a_e

Neushoorn

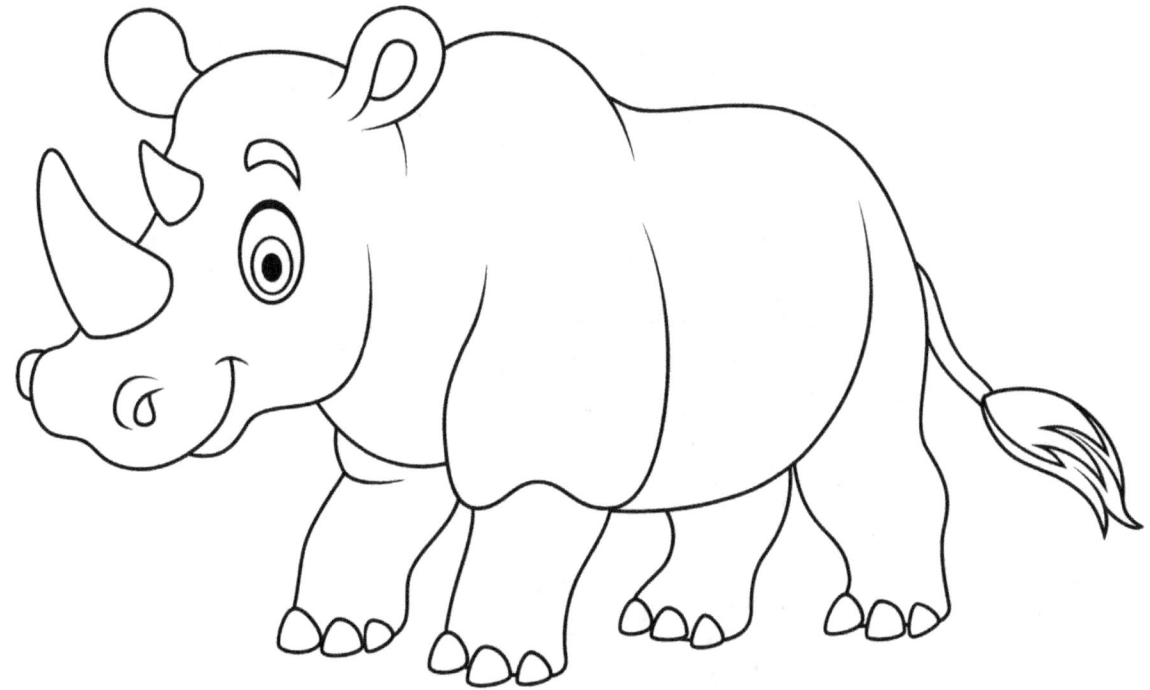

Nashorn

Nashorn

Robot

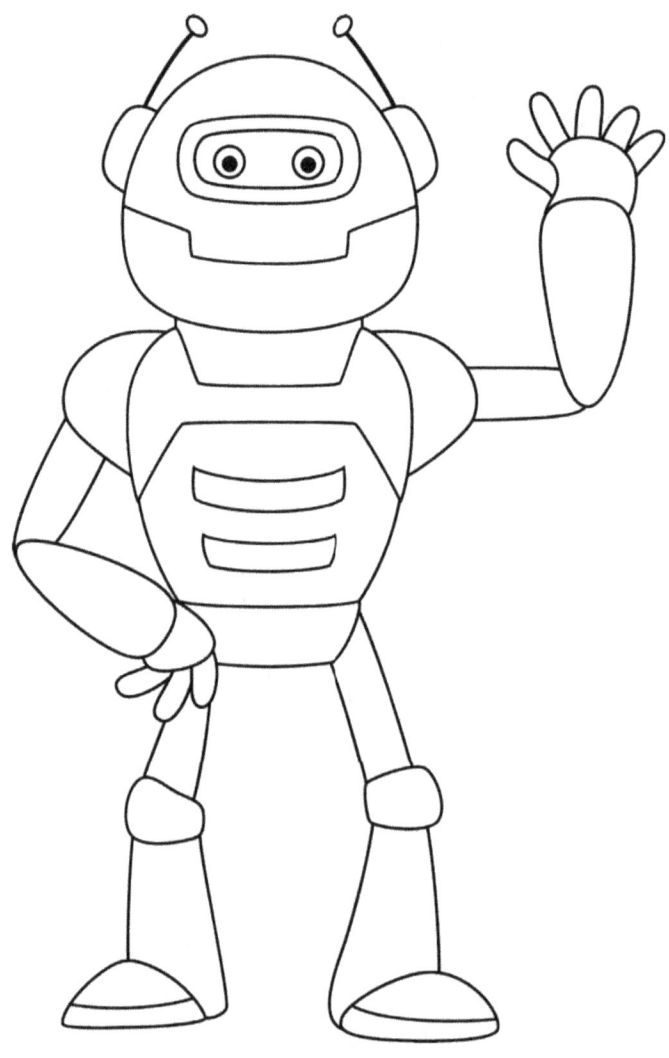

Roboter

Roboter
_____
_____
_____

Tijger

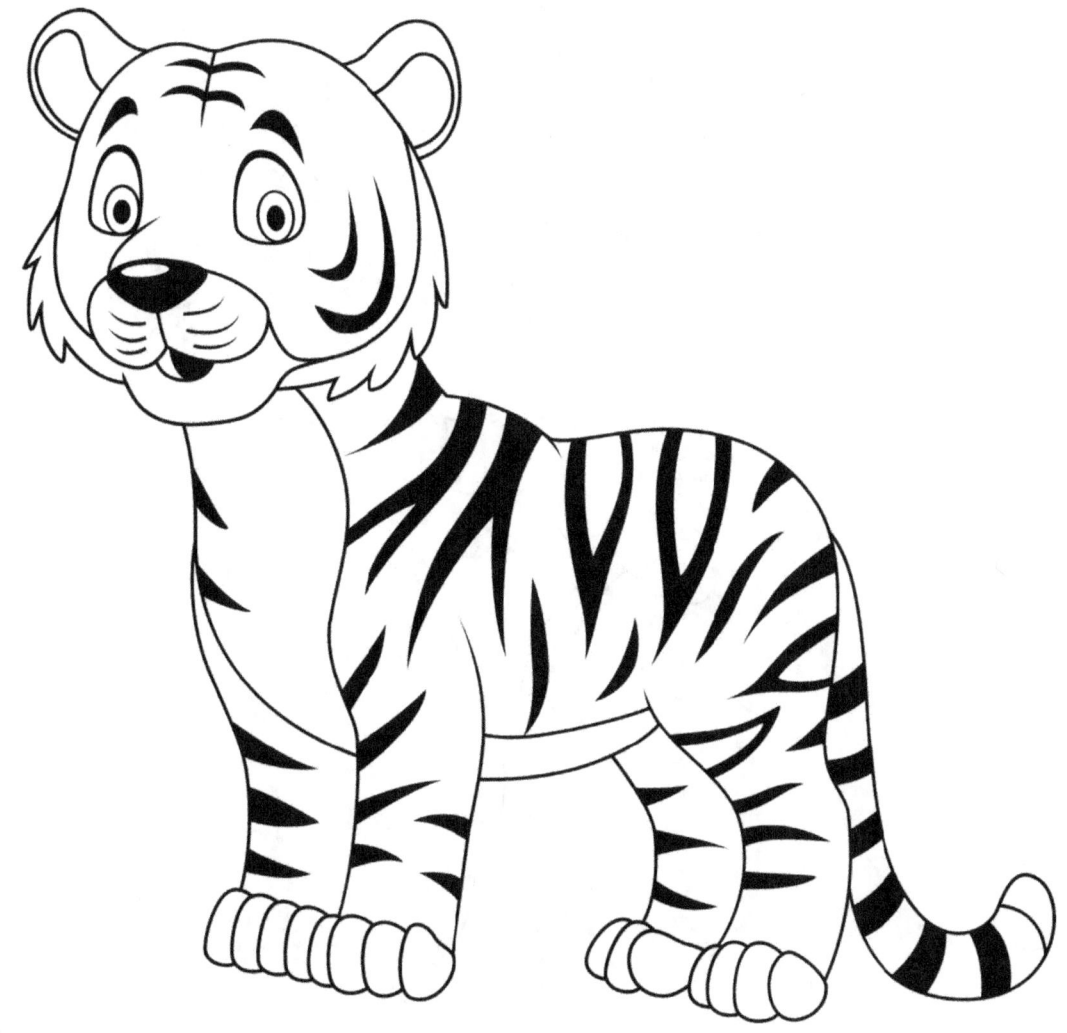

Tiger

Tiger

Boom

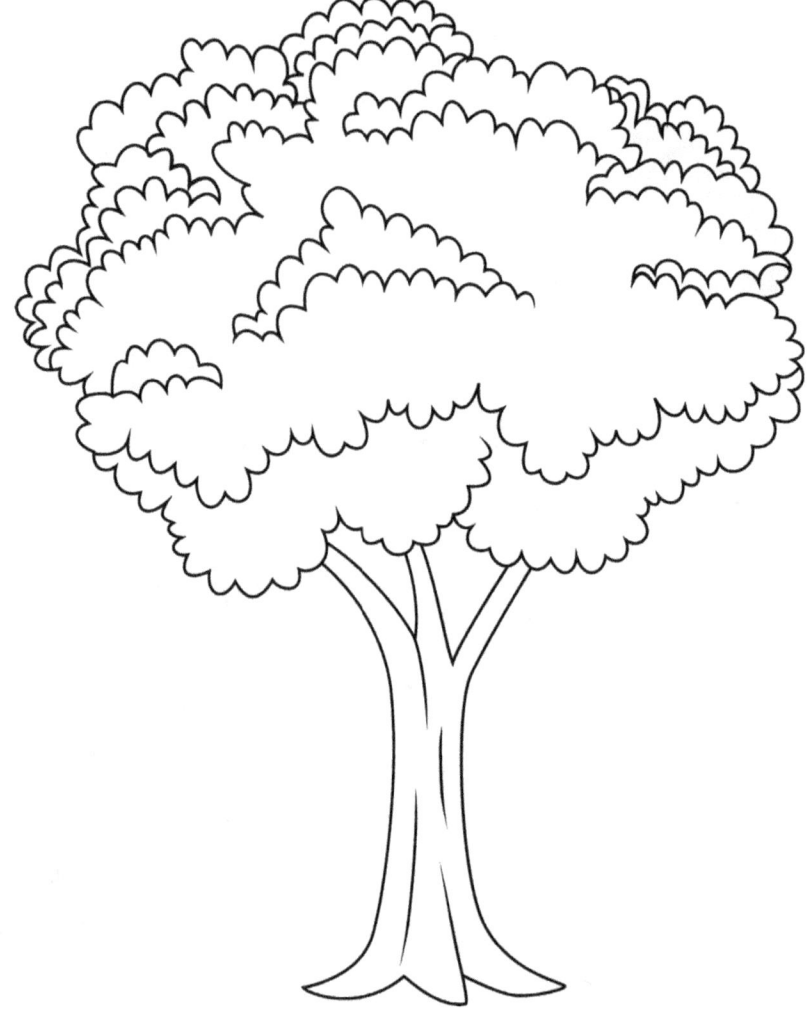

Baum

Baum
_____

_____

_____

Neushoorn

N_shoorn

Robot

Robo_e_

Tijger

T_g_r

Boom

__um

Paraplu

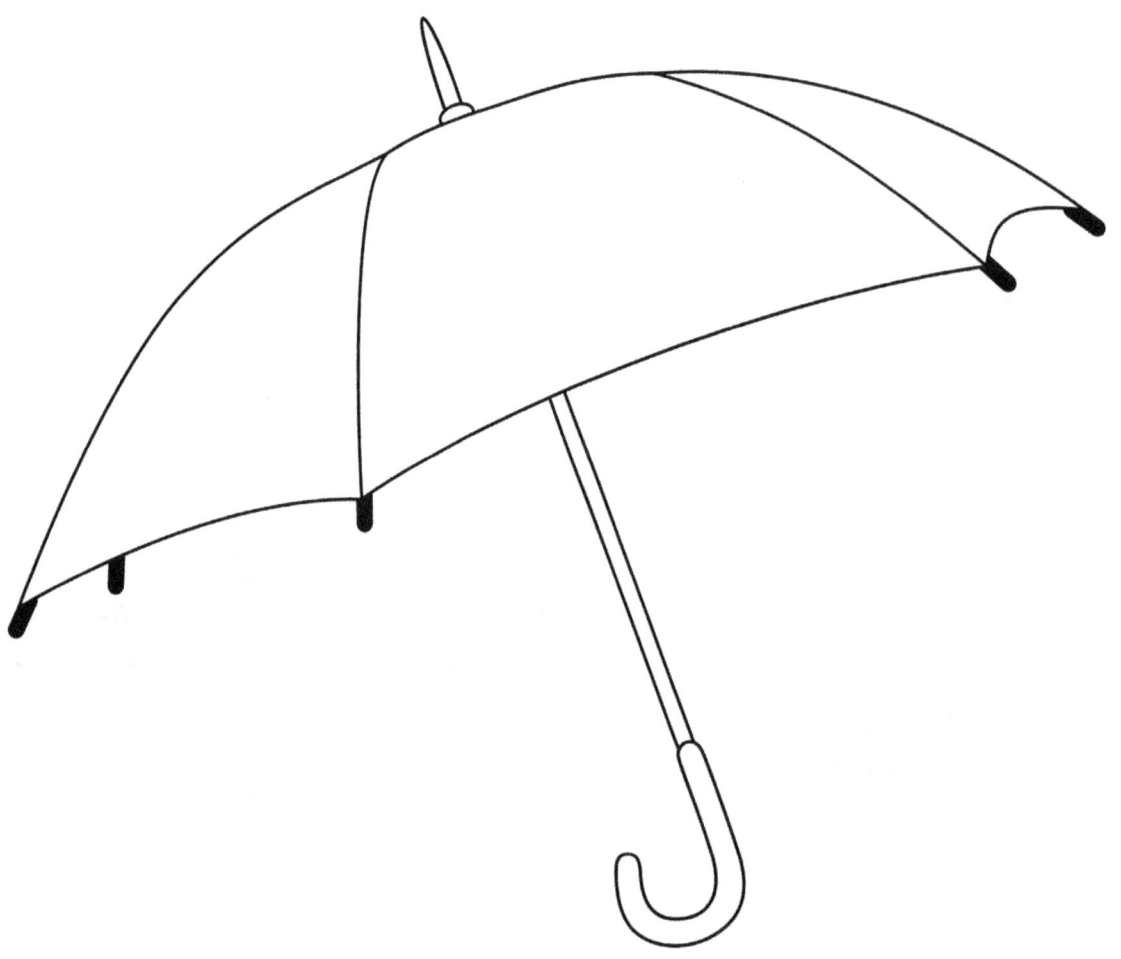

Regenschirm

Regenschirm

Zee-egel

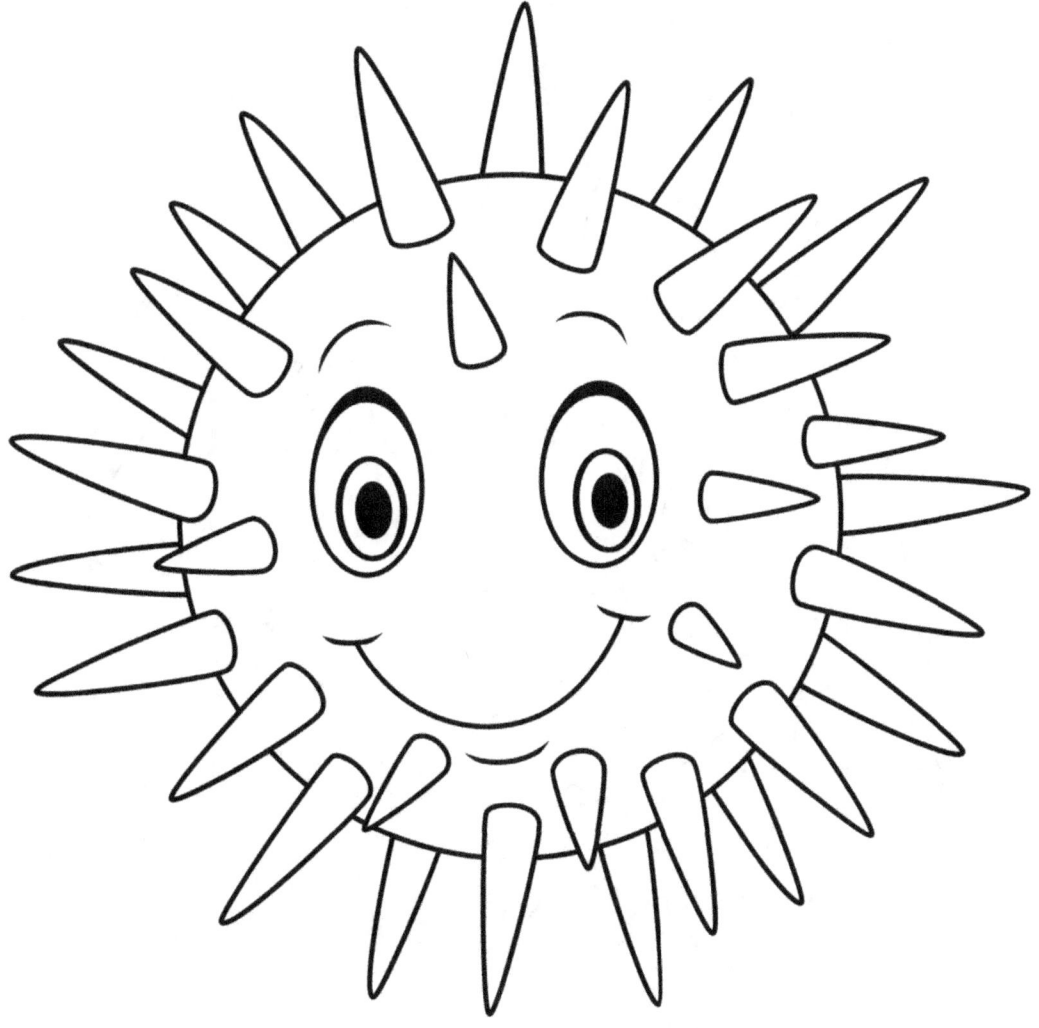

Seeigel

Seeigel

Zon

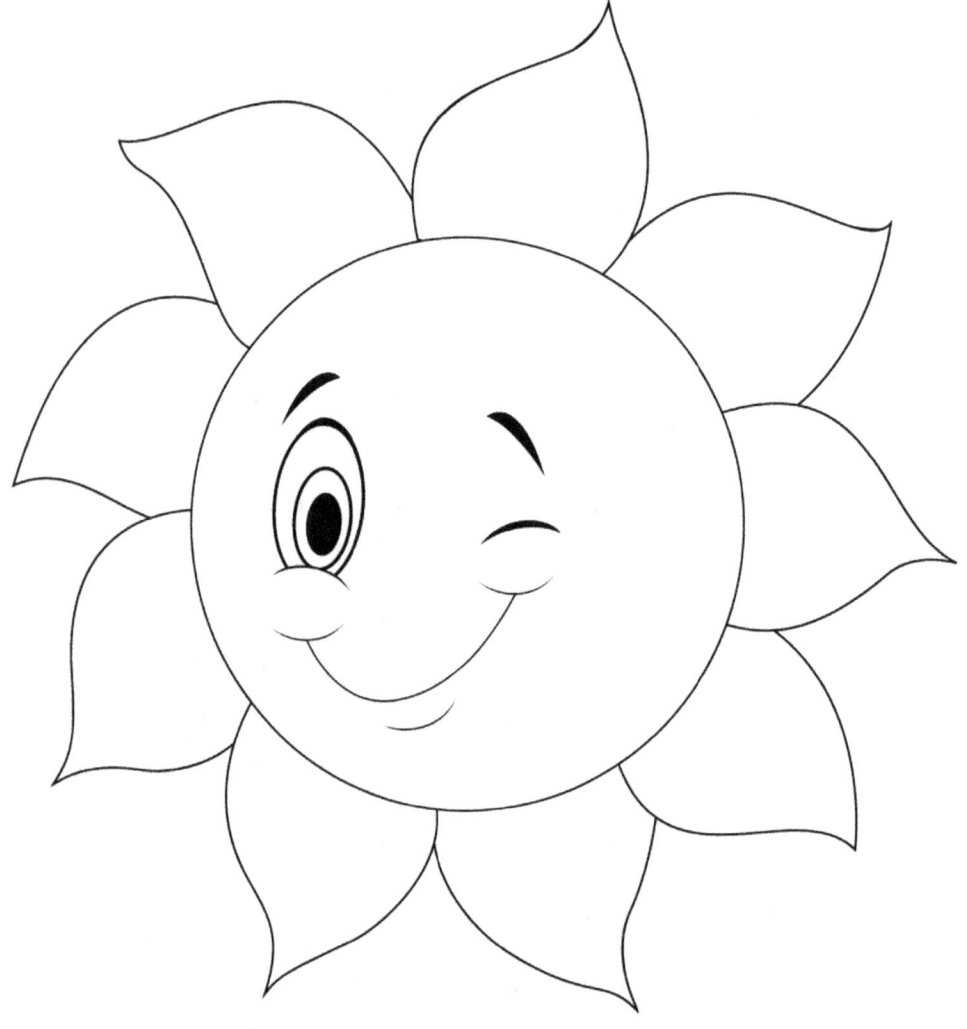

Sonne

Sonne

Groente

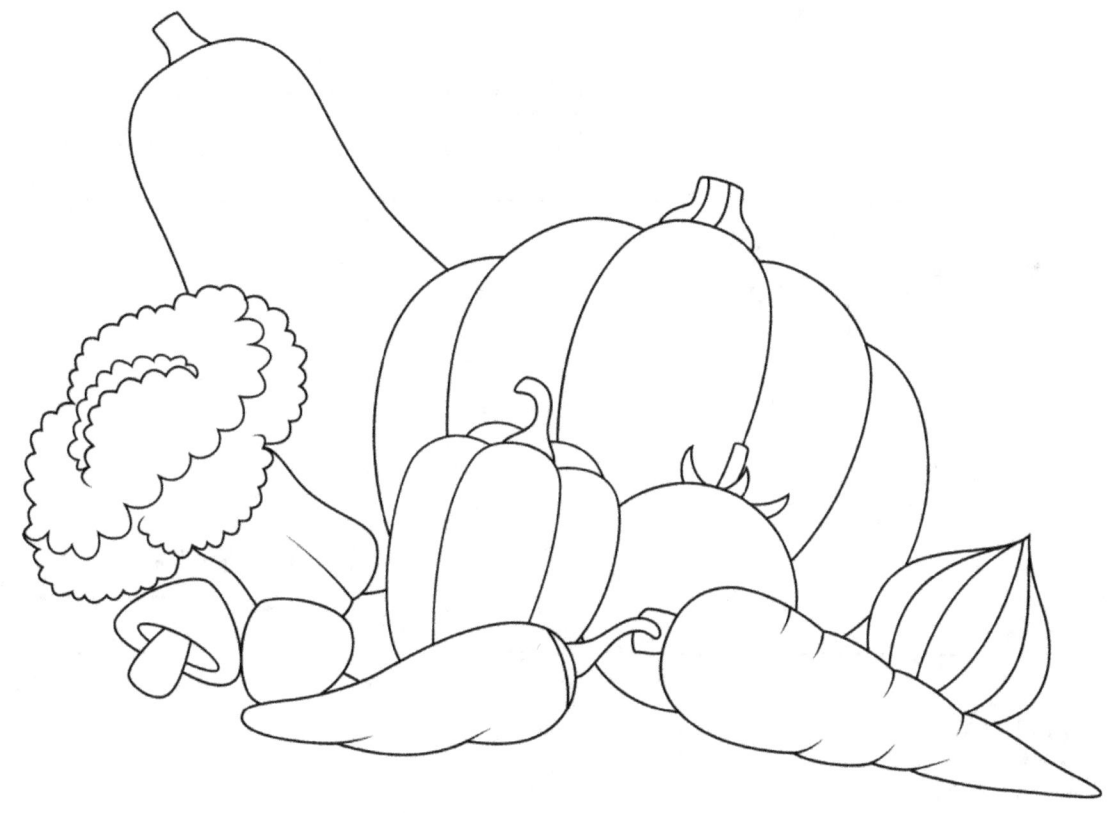

Gemüse

Gemüse
_____
_____
_____

Paraplu

Regens_hir_

Zee-egel

S_eig_l

Zon

S_nn_

Groente

Ge_üs_

Vulkaan

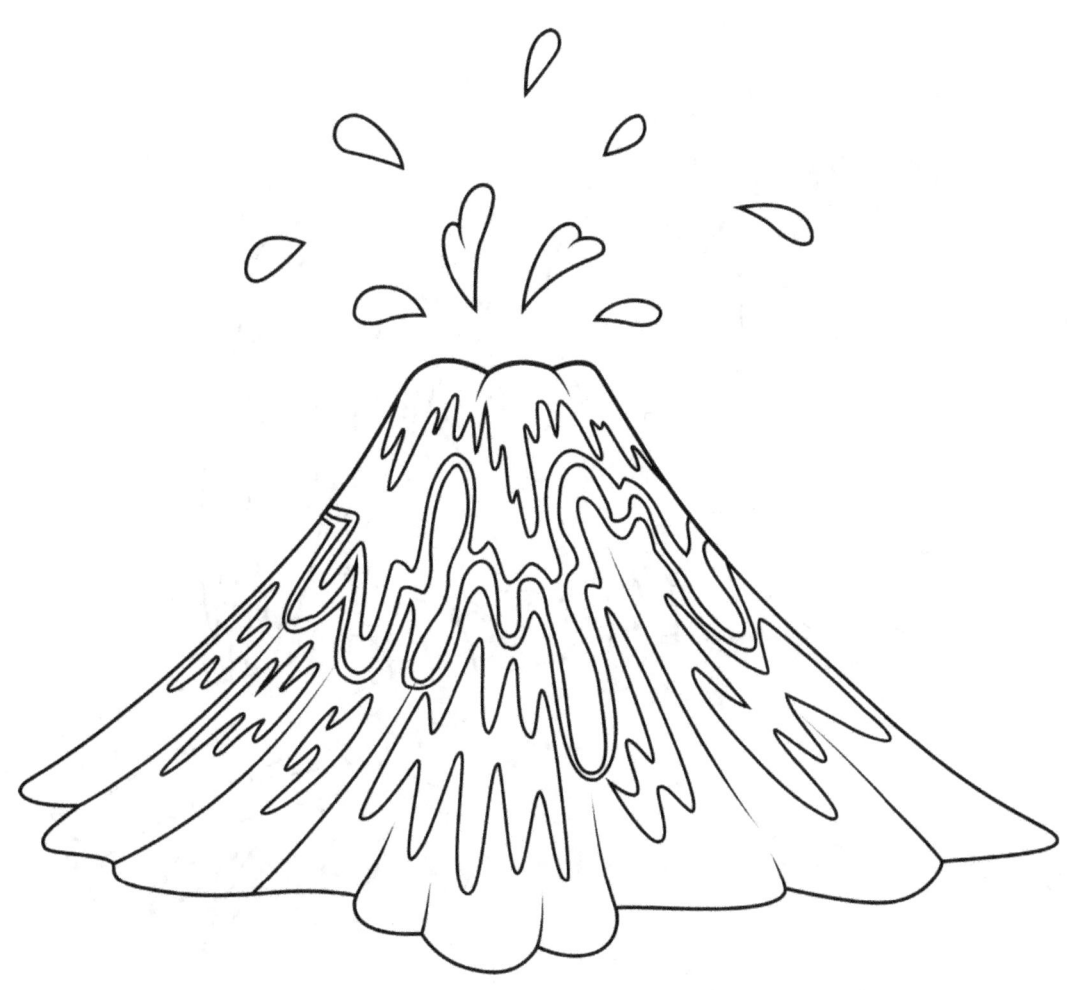

Vulkan

Vulkan
_____

_____

_____

Gier

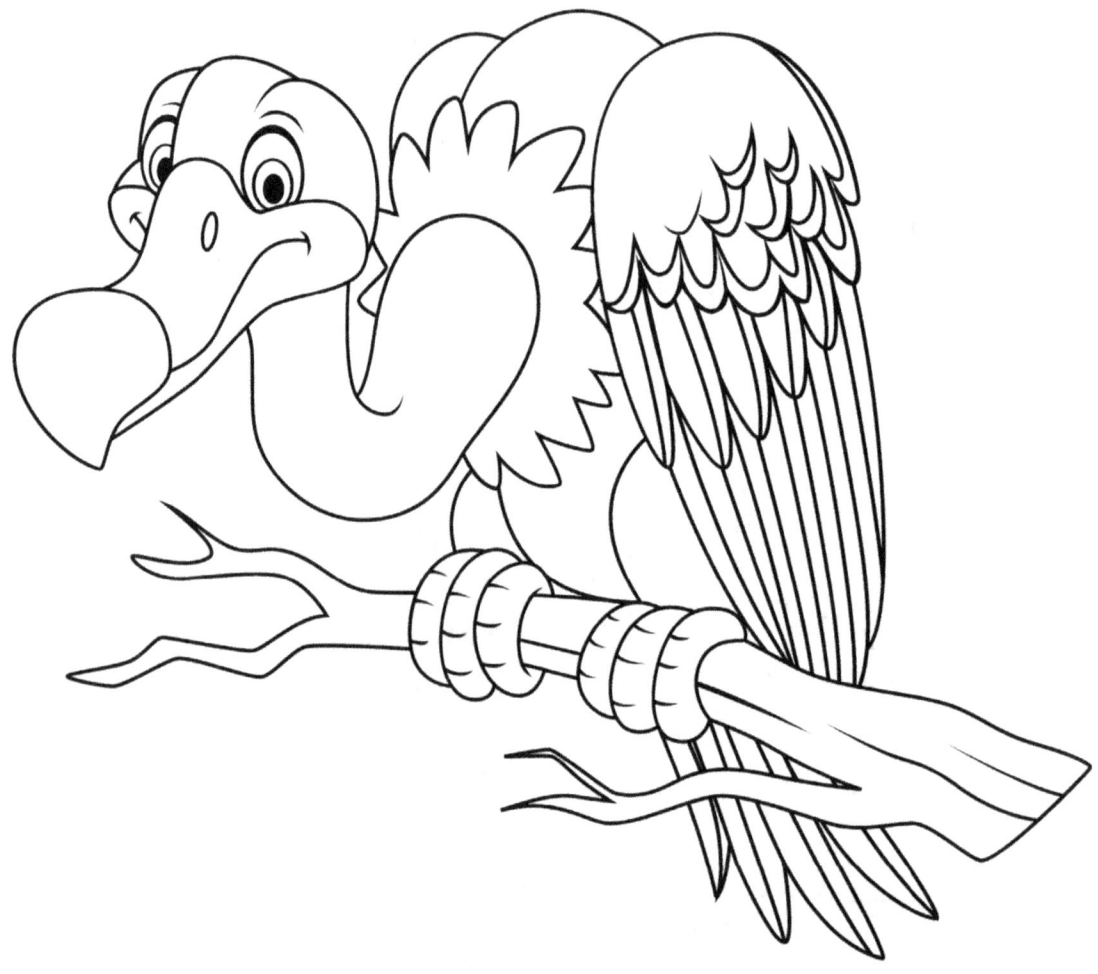

Geier

Geier
_____

_____

_____

Watermeloen

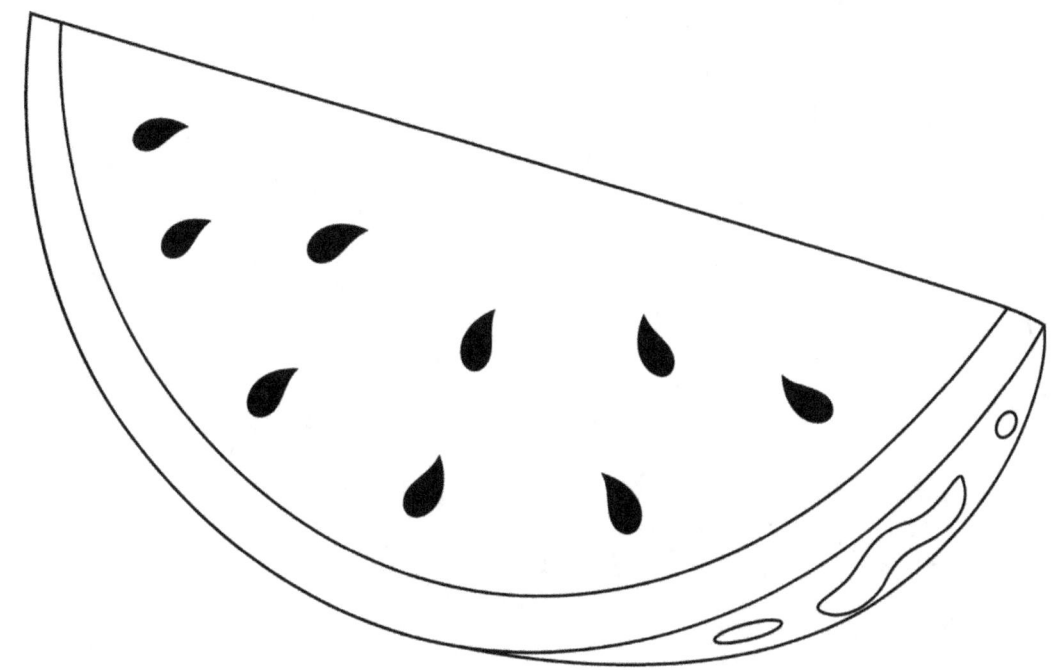

Wassermelone

Wassermelone

Walvis

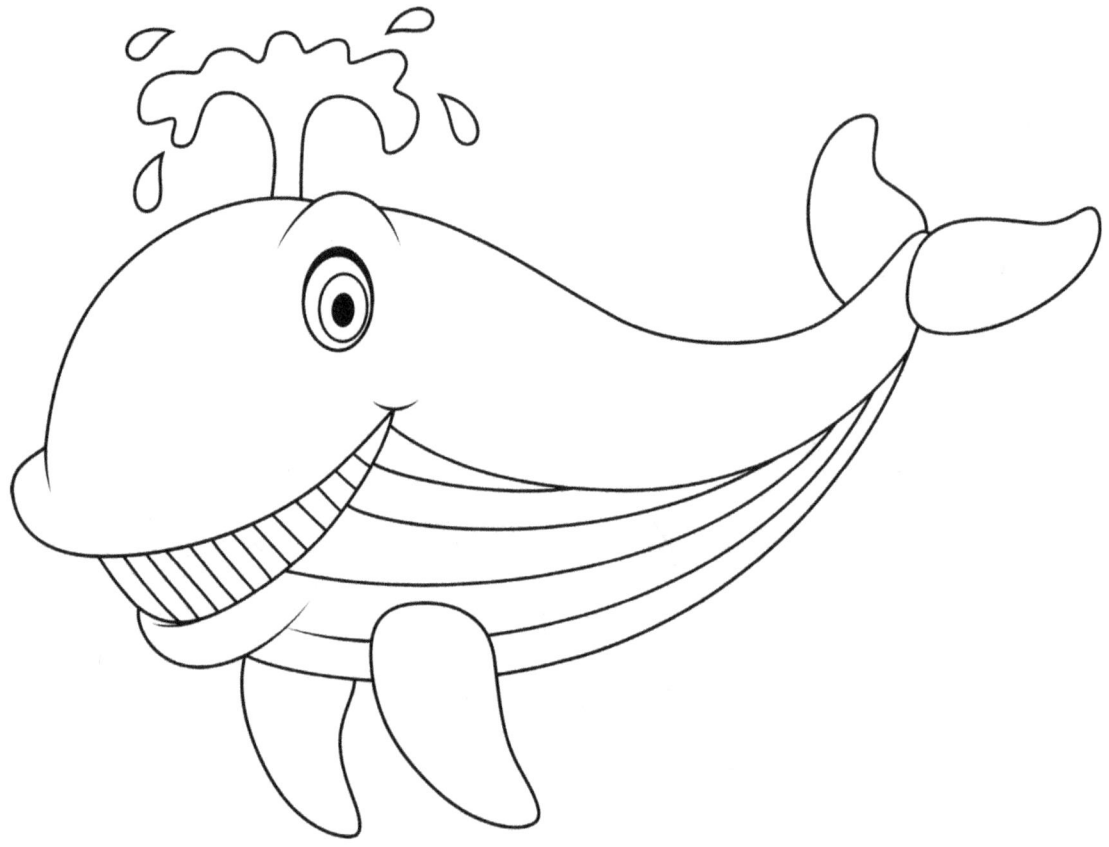

Wal

Wal

Vulkaan

ulka

Gier

eie

Watermeloen

_assermel_ne

Walvis

_a_

Raam

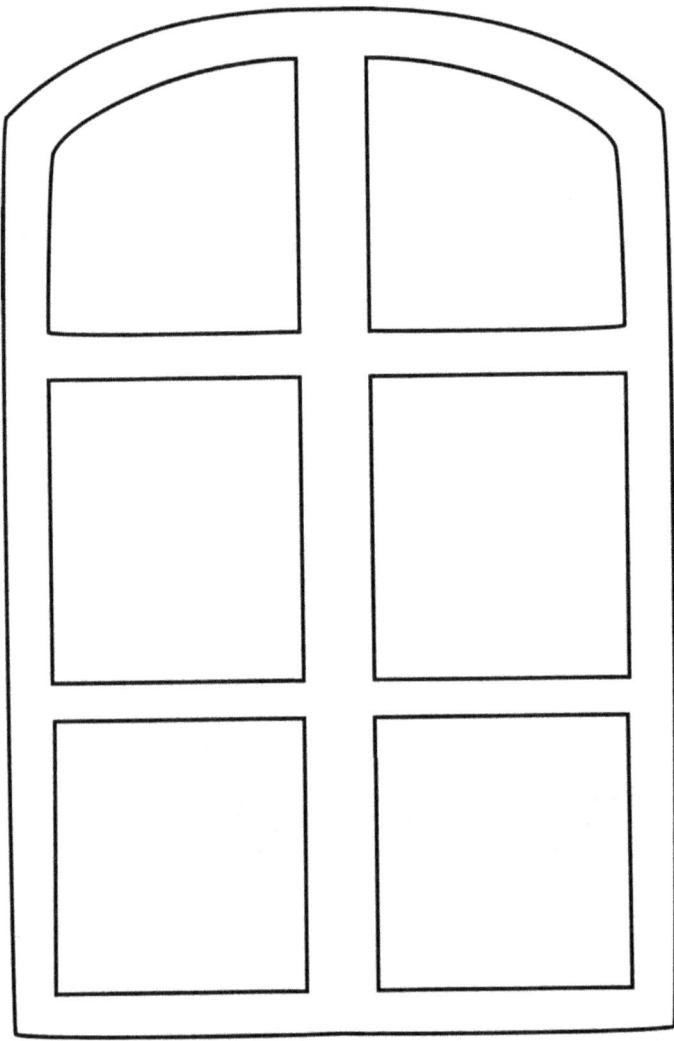

Fenster

Fenster

Xylofoon

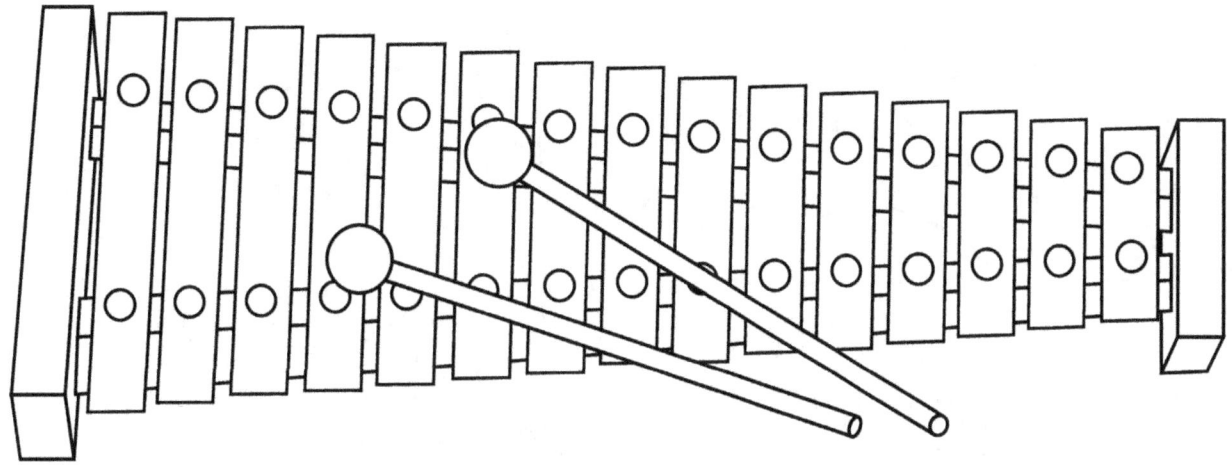

Xylophon

Xylophon

Zeilschip

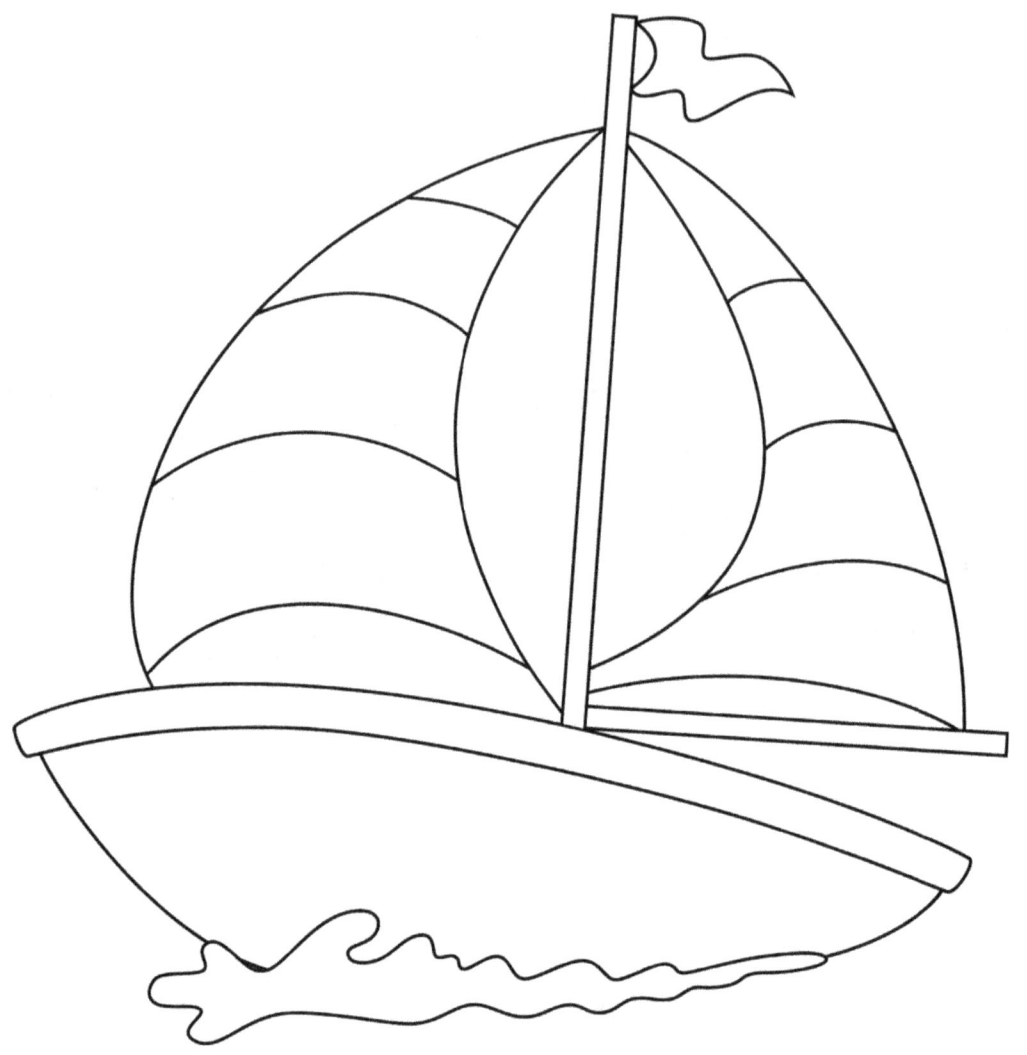

Segelschiff

Segelschiff
_____

_____

_____

Sneeuwman

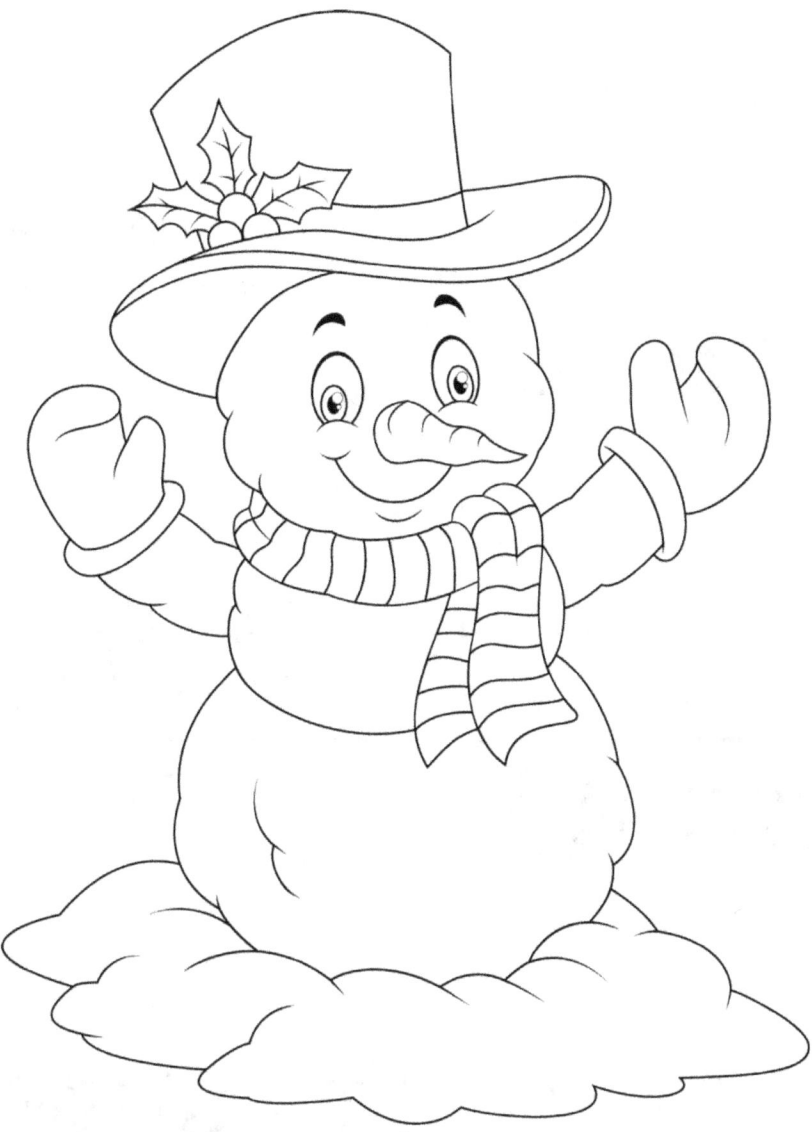

Schneemann

Schneemann
_____

_____

_____

Raam

_en_ter

Xylofoon

X_lop_on

Zeilschip

Segelschi_f

Sneeuwman

Sch__emann

Yoghurt

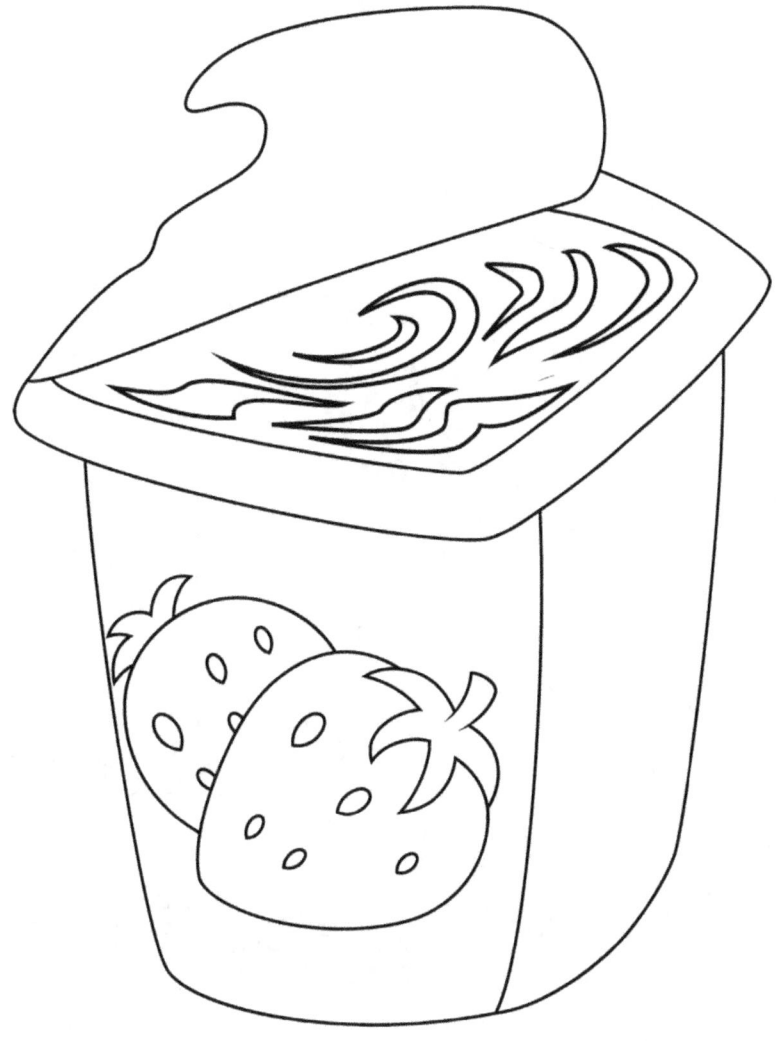

Joghurt

Joghurt
_____

_____

Kip

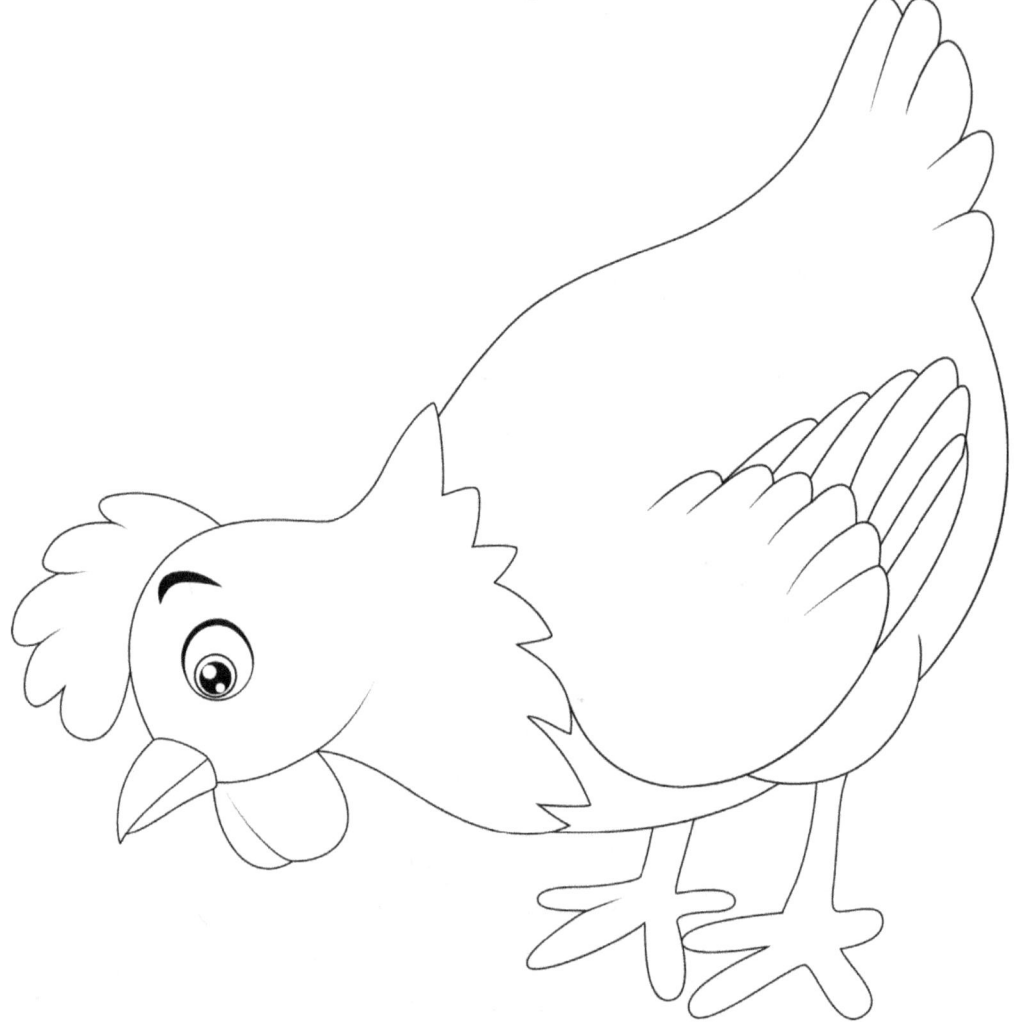

Huhn

Huhn
_____

_____

_____

Sleutel

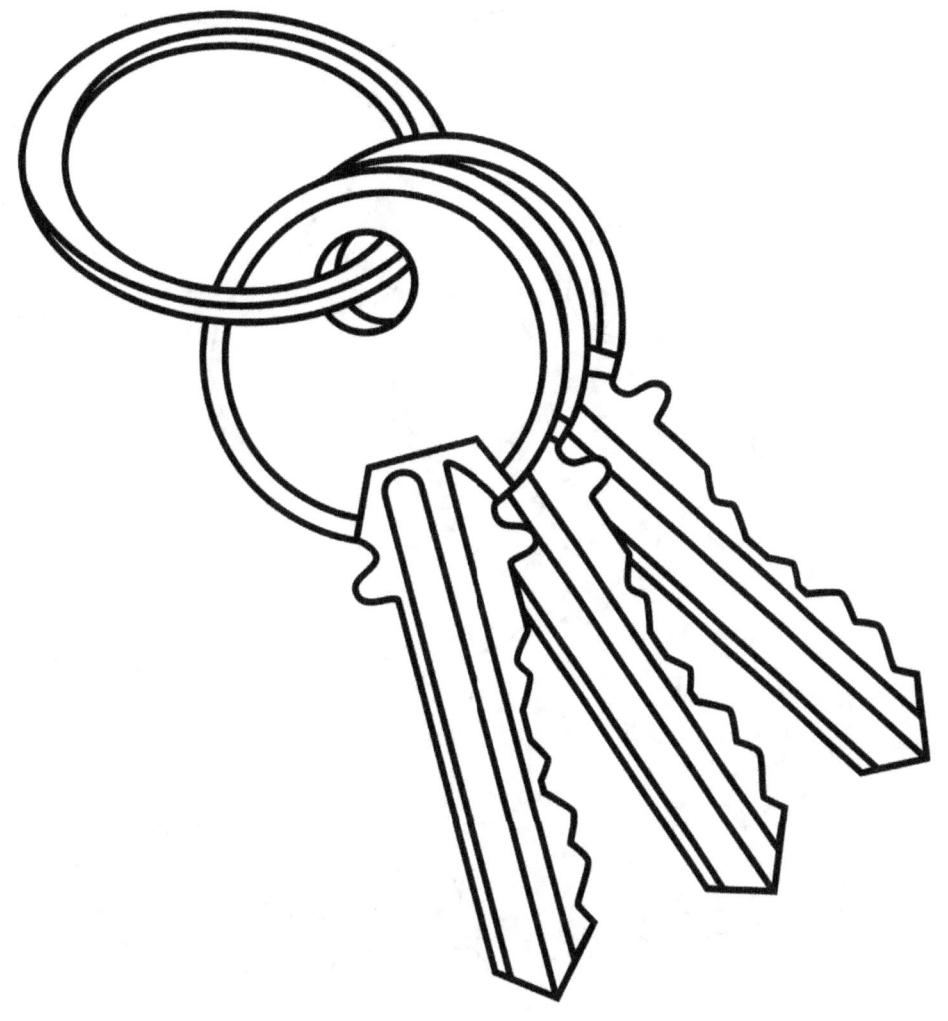

Schlüssel

Schlüssel
_____

_____

_____

Koala

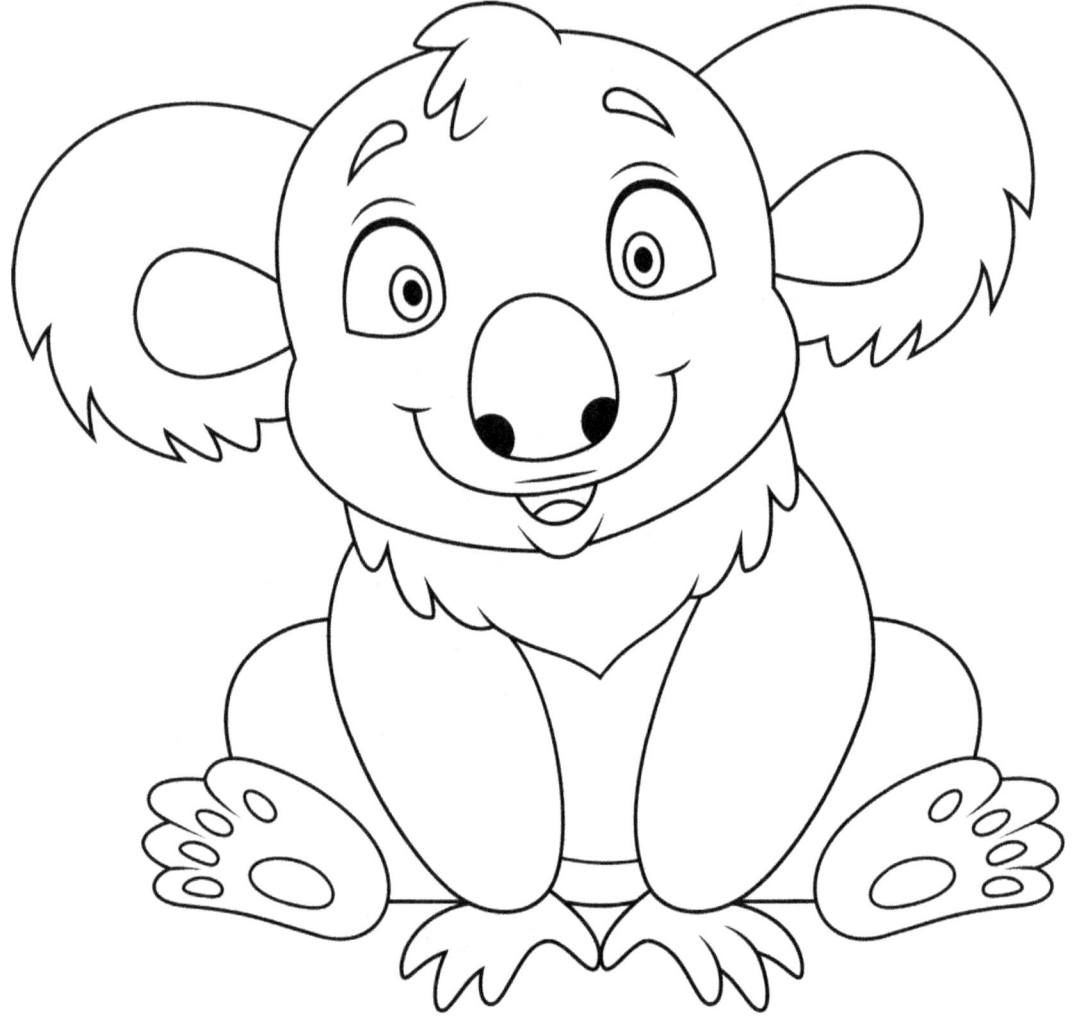

Koala

Koala
_____

_____

_____

Yoghurt

J__hurt

Kip

H_h_

Sleutel

Sc_l_ssel

Koala

oal

Mier	-
Appel	-
Astronaut	-
Banaan	-
Beer	-
Boek	-
Auto	-
Kat	-
Maïs	-
Hond	-
Donut	-
Trommel	-
Slak	-
Zebra	-
Olifant	-
Vis	-

Bloem	-
Vos	-
Giraf	-
Bril	-
Druif	-
Hamburger	-
Nijlpaard	-
Huis	-
Ijs	-
Leguaan	-
Eend	-
Jaguar	-
Jam	-
Kwal	-
Zeppelin	-
Kiwi	-
Aardbei	-

Bladeren	-
Lamp	-
Leeuw	-
Aap	-
Muis	-
Vliegenzwam	-
Spijker	-
Paard	-
Noot	-
Octopus	-
Oranje	-
Uil	-
Pen	-
Taart	-
Varken	-
Vogel	-
Koningin	-

Pluim	-
Haas	-
Neushoorn	-
Robot	-
Tijger	-
Boom	-
Paraplu	-
Zee-egel	-
Zon	-
Groente	-
Vulkaan	-
Gier	-
Watermeloen	-
Walvis	-
Raam	-
Xylofoon	-
Zeilschip	-

Sneeuwman	-
Yoghurt	-
Kip	-
Sleutel	-
Koala	-

© nerdMedia 2018

This work, including all its parts, is protected by copyright. Any use is not permitted without the author's consent. This applies in particular to copying, translation, storage and processing in electronic systems. Contact: Dirk Kolodziej/Peppermühl 9/48249 Dülmen/Germany info4us@nerdmedia.eu Cover design: nerdMedia Cover photo: depositphotos.com - Print Output Black & White: Amazon Media EU S.Ã .r.l./5 Rue Plaetis/L-2338 Luxembourg

www.ingramcontent.com/pod-product-compliance
Lightning Source LLC
Chambersburg PA
CBHW062331220526
45469CB00008B/2667